사랑과 불륜의 문화사

인문고전 세미나 — 2

사랑과 불륜의 문화사

권보드래

김수미

김준현

엄태웅

이명현

KU PRESS
고려대학교
출판문화원

이 저술은 한국연구재단이 후원하는 고려대학교 대학혁신지원사업의 지원을 받아 이루어졌음

추천사

윤리와 욕망의 이중주

김종훈

고려대학교 국어국문학과 교수

사랑과 불륜은 두 사람 이상으로 구성된 공동체를 전제로 이뤄지는 사건이다. 차이가 있다면 사랑은 욕망과, 불륜은 윤리와 관련되어 있다는 점을 꼽을 수 있다. 그리고 사랑의 속성이 시간과 장소를 초월하는 보편적인 것인 반면 윤리의 특성은 시대와 장소에 따라 다르게 나타나는 특수한 제도라는 것 또한 둘의 차이로 간과할 수 없는 점이다. 이렇듯 층위가 다른 것이긴 하지만 이 둘은 충돌하기도 한다. 인간의 욕망이 공동체의 규율을 어기는 '비윤리적인 사랑'이 발생할 때 그러할 것이다. 이때 우리는 윤리가 가지고 있는 특수성 때문에 현실과 마찰하는 욕망의 파노라마를, 당대 현실의 시대정신을 불륜을 통해 만나게 된다.

공동체가 형성되고 유지되기 위해서는 최소한의 원칙이 필요하다. 상대방을 살해하지 않겠다는 정직과 관대의 원칙, 공동체 내의 내 위치가 엉키지 않기 위한 근친상간 금지의 원칙이 그것이다. 구성원에 의한 살해가 용인되면 공동체의 수가 줄어들고 근친상간이 허용되면 관계의 그물망이 찢어진다. 어머니가 아내이고 아들이 형제이면 공동체 내 관계의 그물망은 어딘가 꼬여 제 기능을 하지 못하게 되는 것이다. 이 두 가지 최소한의 원칙을 토대로 시공간에 따라 다양한 윤리가 마련된다. 구성원이 소수이면 갈등이 생길 때마다 조율하면 되지만, 다수라면 구성원 누구나 납득할 수 있는 윤리와 규율이 필요한 것이다.

불륜은 당사자들과 주변인들이 구성하는 관계의 망을 파탄내는 것으로 윤리가 온전한 관계 유지를 위해 필요하다는 것을 역설적으로 일러준다. 마치 마트의 시식코너에서 맛보는 맛보기 음식처럼 우리는 개인과 둘레 세계가 입은 상처를 통해 공동체의 존속 자체를 좌우할 침해를 미루어 짐작할 수 있다. 불륜의 기능이 경고라면 윤리와 욕망 중에 독자는 윤리의 편에 서기 마련이다. 타인을 헤아리고 타인에게 피해를 주지 않기 위해 욕망은 제어해야 하는 대상이 되는 것인데, 욕망을 다스릴 줄 아는 사람이 되기 위한, 즉 좋은 시민이 되기 위한 반례 역할을 불륜이 맡는 것이다.

그러나 반대 방향으로 작동하는 불륜도 있다. 윤리보다는 욕망의 편을 드는 것인데 이때 불륜은 윤리의 정당성을 되묻는 역할을 맡는다. 어떠한 제도이건 왜 생겨났는지 유래를 놓칠 때 왜 지켜야 하는지 묻게 되는 법이다. 납득할 만한 이유가 없을 경우 지킬 것은 윤리가 아니라 공동체이고 깨뜨릴 것은 욕망이 아니라 폭력이라는 것을, 윤리의 폭력이 가능하다는 것을 불륜을 통해서 확인할 수 있다. 정의를 고려치 않은 윤리는 보편성이 희미해져 역설적으로 특수한 당대 현실의 균열을 드러내고 불륜은 그 균열의 틈새를 탐사하도록 독자를 유인한다. 우리가 그 안에서 만나게 되는 이는 좋은 시민이 아니라 좋은 작가일 것이다.

문학은 당대의 윤리와 인간의 욕망에 관심을 가지는 장르이므로 불륜은 문학에 최적화된 소재이다. 좋은 시민의 입장에서건 좋은 작가의 입장에서건 금지된 사랑을 지속해야 하는지 멈춰야 하는지 질문하는 것은 윤리가 필요에 의해 처음 정해진 최초의 순간으로 우리를 소환한다. 어떤 사물을, 어떤 관념을 최초로 맞닥뜨렸을 때의 그 떨리는 순간을 다른 말로 말하면 예술적인 것, 시적인 것이라 한다. 정의를 향해 질문을 하게 만드는 불륜은 시적인 것과 호환된다. 동서고금 언제나 있는 소재가 불륜이다. 우리는 불륜을 통해 이 시대, 이 사회에서 지킬 것과 떨쳐내야 할 것이 무엇인지 질문할 수 있다. 또한 윤리의 시효와 필연성에 대해서도 새삼 떠올릴 수 있다. 불륜의 서사를 접하며 우리가 놓여있는 시간과 공간의 의미와 맥락에 대해 질문을 던지는 귀한 시간이 되기를 기원한다.

머리말

2019년부터 2022년 2월까지 진행되었던 고려대학교 문과대학 대학혁신지원사업에서는 고려대학교 및 우리 사회 구성원의 인문역량 강화를 위한 다양한 교육프로그램들이 기획, 운영되었다. 전통적인 인문학 교육의 틀에 기초하는 동시에 근래의 다양한 사회적 변화를 고려함으로써, 인문학 본연의 의의를 되짚어 보고 인문 교육에 대한 새로운 접근을 모색해 보는 것이 지난 3년 동안 추진되었던 본 사업의 핵심이었다.

가속화되는 디지털 전환의 움직임과 맞물린 교육 환경의 변화 안에서, 고려대학교 문과대학 대학혁신지원사업단이 추구했던 것은 인류의 공존에 필수적인 공감능력의 확산과 명철하면서도 반성적인 성찰능력의 함양이었다. 인문학이 탐구하고 제안했던 또 지금도 계속해서 제시하는 인간과 사회에 대한 비평적인 시각들은 여전히 유효한 교육의 토대인 동시에, 축적된 지식을 생산적으로 활용하고 변용시킬 수 있는 비판적인 창의력 계발의 출발점이기도 했다.

이러한 취지에서 시작된 것이 바로 고려대학교 문과대학 온라인 인문교육 콘텐츠 '고성방가(高省芳歌)'였다. 고려대학교 문과대학 교수들이 참여해 다양한 학문 분야의 고전들을 다각도적으로 조망한 50분 내외의 온라인 강연들은, '고성방가'라는 콘텐츠 제명에서부터 짐작되듯, 학생들뿐만 아니라 사회 구성원들에게 인문 고전에 대한 '깊은 성찰의 흔적들'을 그려 보이고, 거기서 과거와 현재를 아우르고 미래에도 유지될 수 있는 '아름다운 울림'을 전하고자 했던 '독창적'인 프로그램이었다.

그러나 이러한 '독창성'이 무(無)에서 유(有)를 창조하는 것이나 전적으로 유일무이한 새로운 것의 창안을 의미한 것은 아니라는 점도 여기서 짚어둘 필요는 있겠다. 우리가 의도했던 '독창성'은 기존의 익숙한 시선에서 벗어나 사물과 사안들의 간과했던 부분을 다시 주시하려는 노력이자 개선의 의지였다. '고성방가'의 기저에는 4차 산업혁명 시대에 태어나 과거의 기성세대와는 다른 시대를 살아갈 수밖에 없는 젊은 세대를 위한, 그리고 코로나-19가 야기한 팬데믹으로 인해 강제된 기존 대학교육의 패러다임 전환을 위한 모색이 존재했다.

'인문고전 세미나 총서'는 온라인 교육 콘텐츠 '고성방가'와 한 쌍을 이루는 오프라인 강의록이며, 디지털 네이티브 세대들에게 과거의 아날로그적인 방식의 장점과 가치를 전하고자 했던 시도였다. 물질적인 한 권의 책으로 만들어진 '인문고전 세미나 총서'에서는 온라인 강의에서 미처 다루지 못했던 내용들을 소개하고, 천천히 자신의 속도에 맞게 내용을 곱씹어 보는 계기를 만들고자 했다. 아울러 저마다의 열의와 노력을 통해 고전의 다양한 깊이를 맛볼 수 있는 더 읽어볼 거리 등을 제공해 주고, 관련되는 여러 인문고전들의 독서와 성찰을 유도하여 자기주도적 인문학 학습의 기반을 제공해 주고자 했다.

2022년 2월 현재까지 '고성방가'는 총 20편이 제작되었고 여기에 참여했던 강연자 11명의 글을 주제별로 모아 일차로 '인문고전 세미나 총서' 두 권을 기획했다. '재난과 위기', '사랑과 불륜'이라는 주제는 동시대의 가장 첨예한 화두이자 인류의 가장 오랜 고민이기도 하다는 점에서 정해진 것이다. 이러한 주제는 향후에 계속될 총서 후속편에서 '혁명의 시대', '문학과 역사의 경계', '자아와 타자' 등의 주제들과도 다양한 울림을 만들어낼 수 있을 것이라 여겨진다.

'인문고전 세미나 2'《사랑과 불륜의 문화사》는 모두 다섯 편의 글로 구성되었다. 먼저 박경리의 작품 〈표류도〉에서는 전후(戰後) 세계와 여성의 모험이 기술되며, 그 안에서 동명의 소설과 영화에 대한 비교와 함께 통속적인 것과 반통속 사이의 긴장 관계, 전쟁미망인의 문제, 1950년대의 여성과 사회에 대한 조망, 새로운 시대의 윤리와 사회의식에 대한 질문 등이 논의된다. 일본 문학의 대표적인 작품 〈겐지모노가타리〉를 다룬 두 번째 글에서는 헤이안 시대(平安時代)의 특징과 시대상에 대한 기술과 더불어 전체 54권에 이르는 방대한 분량에 대한 내용 소개가 이루어진다. 발자크의 작품이 독자에 따라 정치소설, 연애소설, 심리소설, 사회소설 등 다양한 스펙트럼을 보이듯, 〈겐지모노가타리〉에 나타나는 왕권론(王權論), 여성의 입장에서 본 사랑 이야기, 도덕적 규준이 아닌 일본 고유의 인간의 정취와 정(情)에 대한 의식이 차례차례 검토된다. 세 번째 글에서는 중세 유럽 최대의 전설이자 오늘날 신화적 위상을 차지하고 있는 〈트리스탄과 이졸데〉 이야기가 다루어지며, 그 안에서 두 연인의 격정과 고통, 사랑과 죽음의 이중주 등이 소개된다. 〈트리스탄과 이졸데〉 이야기의 복잡다단한 계보들, 중세의 사랑에 대한 인식에 대한 논의들은 인문고전의 현대적 의의에 대한 고찰과 연결됨으로써 과거와 현재를 하나로 아우르게 된다. 〈사씨남정기〉에 주안점을 둔 네 번째 글에서는 선과 악의 대립, 이념과 욕망의 시사, 개인적 부도덕과 이념의 문제 등이 세밀한 시선을 통해 논의되며, 조선 후기 김만중의 작품에서 출발한 노정은 오늘날의 막장 드라마에 대한 성찰로 이어지게 된다. 마지막 다섯 번째 글에서는 톨스토이의 〈안나 카레니나〉가 다루어지며, 생의 분기점에서 창작된 소설의 의의, 당대 가정과 귀족의 위기에 대한 고찰, 삶에 대한 사랑의 문제 등이 이야기된다. 그리고 19세기에서 21세기에 이르는 러시아의 '안나'들의 문제는 어느덧 우리와 '안나'의 문제를 되짚어 보게 만든다.

'인문고전 세미나 총서'는 원전인 일차 텍스트에 의해 투사된 그림자를 닮은 이차 텍스트이다. 빛과 그림자가 공존하듯, 이차 텍스트는 일차 텍스트 없이는 존재할 수 없다. 하지만 그림자인 이차 텍스트는 일차 텍스트의 쉽게 드러나지 않거나 간과하기 쉬운 혹은 감추어진 다양한 면면들을 보여주곤 한다는 점에서 의미심장하다. 이 총서의 책이 끊임없이 새로운 일차 텍스트들로 향하는 문을 열어주기를, 그리고 늘 해당 원전과 다양한 이차 텍스트들을 이어주는 가교가 되기를 희망한다. 마지막으로 '인문고전 세미나 총서'가 다양한 시대에 집필된 인문고전을 통해 오늘날 우리가 발딛고 서있는 사회와 우리 삶에 대해 사유할 수 있는 기회를 열어줄 것이라 다시 한번 기대해 본다.

끝으로 고려대학교 문과대학 대학혁신지원사업 운영과 총서 간행에 많은 도움을 주신 분들께 감사를 드려야 할 것 같다. 학장님을 비롯한 여러 문과대학 교수님들께, 또 아름다운 책을 만드는 데 도움을 주신 고려대학교출판문화원의 여러 분들께 감사드린다. 그리고 '고성방가' 제작 및 인문고전세미나 총서의 발간, 나아가 실제 강의에서 애써주셨던 세 분 연구교수님께 특별한 인사를 전한다.

2022년 2월
김준현·김태희

차례

표류도

전후戰後 세계와 여성의 모험

권보드래

1 〈토지〉의 작가 박경리, 그의 젊은 시절

잘 알려져 있듯 박경리는 〈토지〉의 작가다. 한국 내 표준적 의견에 따르면 〈토지〉는 오랜 세월에 걸쳐 완성된 기나긴 소설로서, 박경리는 오직 이 소설을 위해 생을 바쳤고, 그 결과 〈토지〉는 한국문학사에서 유례를 찾기 힘든 거작(巨作)이 되었다. 이런 평판마따나 〈토지〉는 박경리가 40대 중반일 때 시작해 일흔 가까워서야 마감한, 무려 26년에 걸쳐 쓴 원고지 4만여 장 분량의 대하소설이다. 아마 오늘날 한국에서 가장 유명한 소설 중 하나로서, 한국 현대문학 중 고전이자 명작으로서 독서의 압박을 느끼게 하는 순서로는 첫손에 꼽아도 무방할 터이다. 현재 총 20권으로 출간돼 있다.

〈토지〉가 어떤 소설인지, 과연 한결같은 상찬을 받을 만한 소설인지는 따로 논의가 필요한 주제겠다. 고전이란 찬양을 통해서뿐 아니라 논쟁을 통해 생명을 유지하는 법이며—셰익스피어에 대해 볼테르며 톨스토이며 버나드 쇼 등의 유명인들이 얼마나 심각하게 불만을 제기했는지 생각해 보면 어떨까—그런 점에서 〈토지〉에 대해서는 좀더 비판적 시선이 있어도 좋겠다. 적어도 숭고한 작가혼을 경배하는 방식보다 더 자유롭고 발랄한 독서 방식이 늘어나도 좋을 것이다. 작가 박경리가 순응이 아니라 도전으로, 주류가 아니라 소수성의 감각으로 소설을 쓰기 시작했다는 사실을 생각한다면 더욱 그렇다.

오늘 소개하려는 〈표류도〉는 박경리의 두 번째 장편소설이다. 책 형태로 출간된 장편으로는 첫 번째였다. 박경리의 첫 장편 〈애가(哀歌)〉는 1958년《민주신보》에 연재됐지만, 별 호응이 없었던 듯 연재 후 책으로 묶여 나오지는 않았다. 그도 그럴 법한 것이, 잠시 후 구체적으로 살피겠지만 〈애가〉는 나르시시즘적 통속의 향취가 강한 습작에 가깝기 때문이다. 반면 1958~59년《현대문학》에 연재됐던 〈표류도〉는 문학상—추리소설의 개척자로도 유명한 김내성을 기념하기 위해 제정된 내성문학상 제2회—수상작이었고 1960년에는 영화로도 제작됐다. 평판작이자 성공작이었던 셈이고, 이후 박경리가 잇따라 장편을 발표하면서 작가적 명성을 구축해 가는 데 발판이 된 소설이었다고 할 수 있겠다.

〈표류도〉를 처음 읽고 절로 떠올린 말은 '용감한 언니 박경리'라는 것이었다. 어머니와 함께 살면서 딸 하나를 키우는 전쟁미망인, 지성도 미모도 빼어나지만 1950년대의 생활고를 단신으로 돌파하는 젊은 여성 가장이라는 점에서 〈표류도〉의 현회는 작가 박경리를 단박에 연상시킨다. 〈표류도〉 이전의 단편 중 〈불신시대〉·〈암흑시대〉 등이 작가의 사연을 판박이처럼 담아냈던 탓도 있을 것이다. 이렇듯 작가와도 겹치는 〈표류도〉의 주인공 현회는 꽤 매력적인 주인공이다. 〈표류도〉의 주인공은 〈애가〉의 주인공과 달리 연애에만 골몰하지 않고 자기 자신의 비극에 취하지도 않는다. 역경 속에서도 위태롭게 자존을 지키면서 생을 확산시킨다. 이 '용감한 언니'의 서사는 문장이나 구성에서도 적절한 개성과 긴장으로써 표현되고 있다.

〈애가〉보다야 덜하더라도 〈표류도〉 역시 미숙한 초기작에 지나지 않는다는 평가도 있지만, 〈표류도〉는 그 자체로서 흡인력 있는 소설인 동시 '〈토지〉의 작가 박경리'에 접근하기 위한 통로로서도 추천할 만한 소설이다. 〈토지〉가 훌륭한 소설이고 작가 박경리가 숭고한 작가혼의 소유자라는 사실을 부정할 필요는 없겠지만, 그런 작업이 어떤 방황과 고투 끝에 가능했는지 이해하는 일은 중요하다고 믿는다. 〈토지〉를 말 그대로 명작으로서 읽고 이어가려면 〈토지〉 앞에 주눅 드는 대신 〈토지〉를 생생한 대화 상대로 삼으려는 자세가 필요하기 때문이다. 요컨대 〈표류도〉는 박경리의 세계로 들어가기 위한 진입로로서도 유용하다. 〈표류도〉를 쓸 때 30대 초반이었고 〈토지〉를 쓰기 시작할 때도 40대 초반에 불과했던 젊은 박경리—그를 기억하면서 〈표류도〉를 읽어보도록 하자.

2 박경리의 문학적 생애에 있어 〈표류도〉

박경리는 1926년생이다. 경상남도 통영에서 출생했고 진주에서 학교를 다녔다. 1926년생이라면 지금 생존해 있을 경우 거의 1백 세, 식민지와 해방과 전쟁과 개발을 다 경험한 세대다. 해방되던 해에 한국식 나이로 스무

살이었을 터다. 즉 10대 중·후반의 성장기를 이른바 '황국신민화 시기'라고 하는 식민 말기의 억압 속에서 보냈다는 뜻이 된다. 잘 알려져 있듯 징용·징병과 창씨개명이며 일본어 강제 등이 그 시기를 상징하는 정책이다. 3·1운동 이후 형성돼 있던 조선인들의 사회, 곧 조선인들 사이 소통과 인정의 체계가 말살되고 '황국신민으로서 죽을 것'이 강요됐던 당시는 다른 한편 조선인과 일본인 사이 분리·차별이 적어도 표면적으로는 약화되던 때이기도 했다. 특히 박경리가 다녔던 진주고등여학교는 공립학교로서 일본적 요소의 지배가 일층 강했으리라 짐작된다.

그런 성장기를 보낸 만큼 박경리에게 민족과 민족어의 세계는 낯설었던 듯하다. 해방 당시 청소년기에 처해있던 '해방세대' 대다수가 그러했다. 전 인구의 80% 이상이 창씨개명을 했을 무렵이니 박경리 역시 일본식 성과 이름을 가졌을 가능성이 높다. 〈환상의 시기〉라는 소설에서 소묘했듯 같은 학교 일본인 학생을 선망하고 동경했을지도 모른다. 무엇보다 박경리는 한글을 거의 몰랐다. 해방 후에도 오랫동안 순한글 문장은 읽기 어려웠다고 토로한 적이 있을 정도다. 한자가 섞인 글은 그럭저럭 읽을 수 있었으나 순한글 앞에서는 더듬거렸다는 것이다. 박경리보다 몇 년 손위인 장용학 같은 작가의 경우 한글 단어 자체가 낯설어 아예 사전을 통째로 외웠다는 후문도 있으니, 이들 세대에게 있어 글을 쓴다는 행위는 일본어를 버리고 한글을 통해 신생하는 행위이기도 했을 터이다.

《친일문학론》을 쓴 임종국도 박경리와 비슷한 또래다. 해방될 때 10대 후반이었던 임종국은 《친일문학론》 서문에서 자신의 '황국소년' 시기를 회상하면서 "나를 그토록 천치로 만들어준 그 시절의 일체를 증오하지 않을 수 없"다고 쓴 바 있다. 일상적 차별을 무수히 겪으면서도 스스로 일본제국의 신민이라고 여겼던 성장기의 자신을 수치스러워한다는 것, 그것은 해방세대에게 있어 보편적 감정이었던 듯하다. 박경리는 〈토지〉를 쓰면서 점점 반일(反日)의 입장을 분명히 하여 마침내 '반일주의자'임을 공언하는 입장에 도달하는데, 그 또한 해방세대로서의 착잡한 자기의식에 바탕한 반응이었으리라 짐작된다. 박경리에 대한 작가론을 시도한다면 꼼꼼히 도해(圖解)해 보아야 할 대목이다.

〈표류도〉와 관련해 더 중요한 것은 한국전쟁과 관련된 박경리의 경험이다. 박경리는 해방 직후 결혼, 곧 자녀까지 출산하지만 이후 사범학교에 진학해 교사가 되는 선택을 한다. 직업을 가졌다가도 결혼과 동시에 사회활동을 포기하곤 했던 당시 대부분의 여성들과는 전혀 다른 삶을 택한 셈이다. 전쟁 때 남편과 사별하고 전쟁 후 아들마저 잃은 후 더더구나 박경리의 삶은 가정 내의 삶과는 멀어진다. 남편 없이 어머니-자신-딸이라는 모녀 3대의 가장이 된 박경리가 택한 길은 문학의 길이었다. 아버지의 외도, 어머니와의 불화 등을 겪으면서 10대 때부터 의지해 온 문학이라지만, 전쟁이 아니었다면 박경리와 문학의 관계는 달랐을지도 모른다.

박경리가 작가로서 활동하게 된 것은 《현대문학》을 통해 추천을 받은 후부터다. 당시 최고 권위의 문학지였던 《현대문학》은 시·소설·비평 등에서 부문별 권위자가 신인을 발굴·추천하는 제도를 운영하고 있었는데, 소설 부문 추천자였던 김동리가 1955~56년 박경리의 〈계산〉과 〈흑흑백백〉

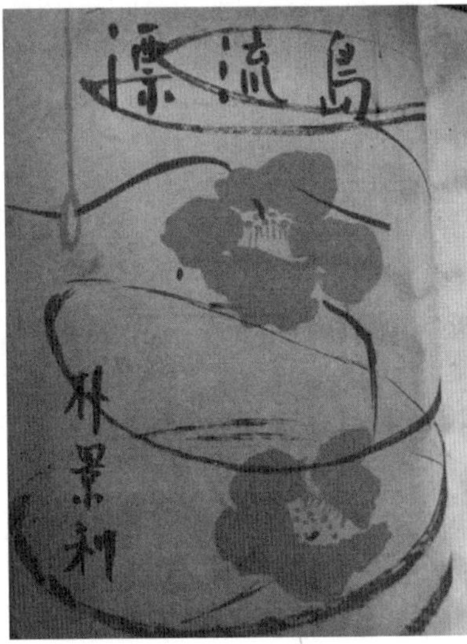

〈표류도〉 속표지(천경자 작)

을 잇따라 추천했던 것이다. 김동리는 본명 박금이 대신 박경리라는 필명을 선사했다고도 알려져 있다. 두 차례 추천을 받으면 정식 작가로서 인정하는 것이 당시의 관례였는바, 이후 박경리는 원고료와 인세로 생활하는 전업 작가로서의 길에 정진케 된다. 1957년에는 지금도 유명한 〈불신시대〉로 현대문학사 신인문학상을 수상했다.

〈표류도〉 역시 《현대문학》에 연재됐다. 1959년 2월부터 11월까지다. 작가 박경리의 출발에 있어 《현대문학》이란 매체의 역할은 그야말로 결정적이었다. 단행본 《표류도》도 현대문학사에서 냈다. 고려대학교 도서관에 소장돼 있는 초판본 《표류도》는 겉표지가 유실된 판본인데, 본래 겉표지 그림은 화가 이봉상이 그렸다고 한다. 속표지의 꽃 이미지는 박경리보다 한두 해 손위였던 천경자가 그렸다. 젊은 박경리의 사진도 권두에 포함돼 있다. 투피스풍 짧은 흰색 한복을 입고 구두 신고 핸드백 든 산뜻한 품새다.

책 실물을 소개하는 김에 역시 고려대학교 도서관에 소장돼 있는《애가》에 대해서도 몇마디 하고 넘어가고 싶다. 앞서 말했듯 〈애가〉는 연재 직후 단행본으로 출간되진 않았지만, 박경리의 작가적 명성이 높아진 후 책으로 묶여 나온다. 고려대학교 도서관의《애가》는 지식산업사에서 나온 1980년판이다. 흥미로운 것은 그 속지에 남아있는 낙서다. 아마 1980년대 당시 재학생들이 남긴 것이 아닐까 추측되는데, 대여섯 건 대부분이 혹독한 비판이다. "한마디로 황당무계, 박경리에 대한 실망이 크다" "읽을 만한 가치가 없는 유치하고 비논리적인 허황한 이야기다" "믿고 안 읽는다" 등속이다. 그나마 옹호의 변에 가까운 말이 "이 어린 것들아. 왜 졸작 운운하는고, 인생을 오래 살지도 못한 것이" 정도다.

실제로 〈애가〉를 읽어보면 속지의 낙서를 대체로 수긍하게 된다. 〈표류도〉에 비해 훨씬 습작풍이 완연한 소설이다. 젊은 선남선녀의 연애사가 중심이라지만 여성 주인공이 겪은 한국전쟁기의 폭력 때문에 얼크러져 버린 연애 서사인데, 그 트라우마를 처리하는 방식에 감상과 과장이 많다. 줄거리 중심으로 〈애가〉를 소개해 보자면, 주인공의 성폭력 피해 및 그로 인한 애정의 굴절과 파탄이라는 핵심 서사를 먼저 들어야 할 것이다. 한국전쟁 때 살림이 곤궁해지면서 미군 부대 비서로 근무를 시작했는데, 미군 장교 중 한 명이 이 여자를 사랑하다 그것이 뜻대로 이루어지지 않을 줄 알고 강간이라는 폭력을 휘두른 것이다. 그런데 이 여성은 강간 피해 후 '복수하겠다. 나에게 이런 폭력을 휘두른 남자와 같이 살면서 그를 괴롭혀 주겠다'는 엉뚱한 생각을 하고 결과적으로 '양공주'와 흡사한 생활을 하게 된다. 종전(終戰) 후 서울로 복귀해 남성 주인공을 만나 사랑에 빠지지만 과거는 이들의 덜미를 잡는다. 어쩔 수 없는 이별. 그렇지만 우연히 재회하자마자 이들은 다시 사랑에 빠지고, 결국 주인공은 물론 주변까지도 파국에 이르고 만다.

〈애가〉에는 운명적 사랑과 자학적 자기애와 죽음의 낭비 등이 도사리고 있어 유치·비논리·황당무계 같은 혹평이 지나치지 않다 싶을 정도다. 반면 〈표류도〉는 이듬해 소설인데도 그런 면모를 별로 보이지 않는다. 작가로서 박경리의 역량이 장편 규모를 충분히 감당할 수 있게끔 달라졌다는 인상이다. 〈표류도〉가 연재·출간된 1959년은 마침 문학 원작 영화, 이른바 문예영화가 유행하기 시작한 때였다. 시나리오 창작 인력이 빈곤한 까닭도 있고, 영화산업 지원책에 적절했던 까닭도 있었으며, 또 당시의 대중 감성이 문학 중심이었던 까닭도 있었을 터이다. 1950년대 말 시작된 문예영화 붐은 1960년대 내내 지속되어, 김승옥·이어령·이청준 등의 소설이 영화화된 것은 물론 김승옥 같은 이는 적극적으로 영화계에 투신하기까지 했는데—다수 영화의 시나리오 작업을 한 것은 물론이고 김동인 소설을 원작으로 영화 〈감자〉를 제작하기도 한다—, 그런 흐름 속에서 〈표류도〉 또한 출간 직후 영화로 제작된다.

3 소설 〈표류도〉와 영화 〈표류도〉

영화 〈표류도〉는 1960년 말 개봉했다. 감독은 같은 해 이광수 원작의 〈흙〉을 개봉해 인기를 누린 바 있던 권영순이었다. 주연 배우들은 당시로선 명성이 절정이었던 문정임(강현회 역), 엄앵란(광희 역), 이빈화(양수정 역), 김진규(이상현 역), 최무룡(민우 역), 박암(김환규 역), 허장강(최영철 역) 등이다. 소설과 영화의 차이가 〈표류도〉의 특징을 잘 보여주는 바도 있으니, 잠시 영화 〈표류도〉를 살펴보도록 하자.

영화의 인물 설정은 원작 소설을 비교적 충실히 따르고 있다. 주인공 강현회는 전쟁 중 남편을 잃고 홀로 딸과 어머니를 부양하며 다방을 경영 중이다. 그런 현회의 주변을 여러 남성이 맴돈다. 신문사 논설위원인 이상현이 남성 주인공 격으로 현회와 사랑을 나누고, 젊은 시인 민우와 출판사 사장 환규는 그런 줄 알면서도 현회를 연모하며, 미군 통역—소설에서는 대학 강사—최영철은 진지한 연정 없이 현회에게 추근댄다. 조연급 여성 중 가장 눈에 띄는 존재는 현회의 다방에서 레지로 근무하는 젊디젊은 광희다. 걱정 없이 자라났지만 전쟁으로 모든 것을 빼앗긴 광희는 시인 민우를 사랑한다. 그 밖에 이상현의 아내로서 교양과 미모를 두루 갖춘 양수정과, 사사건건 현회를 음해하고 질투하는 계영 등이 소설과 영화에 모두 출연한다.

〈표류도〉(1960) 포스터

좀더 구체적으로 인물들의 내력을 들여다보면, 남성 주인공 격인 이상현은 유족한 집안에서 별 고난 없이 자랐고, 젊은 나이로 교수가 됐다가 신문사 논설위원으로 전신한 인물이다. 주인공 현회가 보기에 그는 '그늘 없는' 존재다. 현회는 정치적으로 올바르고 성격 또한 온화한 그를 사랑하지만, 둘의 개성이 조화를 이루긴 어렵다고 생각한다. 김환규는 현회의 죽은 남편의 친구이자 유수한 출판사 사장으로서, 말없이 현회를 돌보는 듬직한 후원자다. 소설 〈표류도〉에서 그는 점점 존재감을 짙게 느끼게 하는 중요한 인물이다. 현회가 우발적 살인 사건 후 징역살이를 마치고 나왔을 때 그를 맞이해 최종적 결합을 이루는 것도 소설에서는 환규다. 그렇지만

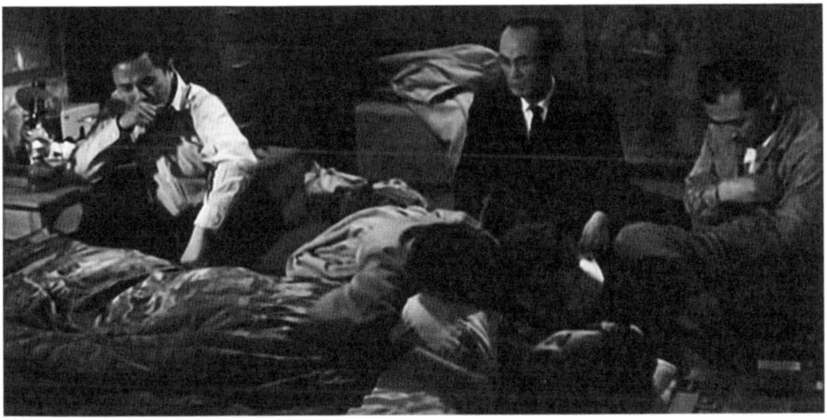

〈표류도〉 스틸컷(현회의 죽음)

영화 〈표류도〉는 전반부에서는 환규보다 민기를 소멍하고 후반부에서는 현회-환규의 관계를 인정하는 대신 현회-상현의 로맨스를 밀어붙임으로써 환규라는 인물을 주변화하고 있다.

〈표류도〉의 특징 중 하나는 주인공 현회가 속물 또는 악인과 형성하는 대립 구도다. 소설에서나 영화에서나 최고의 악인은 최영철이다. 소설에서는 경제학과 강사, 영화에서는 브로커 겸 통역사인 그는 여성을 농락하고 세상을 기만하고 민족적 자존심을 팔아넘기는 인물이다. 미국 A 재단—맥락상 아시아 각국의 문화 원조에 적극적이었던 아시아재단—과의 연줄을 과시하면서 사업가에 접근하는가 하면, A 재단 관계자에게 현회의 성(性)을 중개해 주겠노라 떠벌리기도 한다. 결국 그는 분노한 현회가 던진 청동 꽃병에 머리를 맞아 죽는다. 그에게도 나름의 사연이 있겠지만 그런

이면이 조명되는 일은 없다.

복잡한 애정 관계에 혐오할 만한 악인에, 그리고 뜻밖의 불행에 휘말려 드는 젊고 매력적인 주인공에—〈표류도〉에는 멜로드라마적 특성이 농후하다. 그만큼 흡인력 있게 잘 읽히기도 한다. 현회를 중심으로 한 다각관계(현회-상현-환규-민우-영철), 상현을 중심에 둔 삼각관계(상현-현회-수정), 민기를 에워싼 삼각관계(민기-현회-광희) 등, 너무나 많은 다각의 애정관계가 중첩돼 있다는 점부터 그렇다. 살인과 법정 및 감옥 서사의 자극도 상당하다. 그에 어울리게 감정의 과잉도 적지 않다. 현회는 이지적이고 자립적인 인물이지만, 그럼에도 자주 고독과 비애를 토로한다.

멜로드라마에 특징적인 오인(misrecognition)이라는 계기 또한 중요한 기능을 한다. 말을 안 하고, 소통의 기회를 놓치고, 만남의 기회를 놓치고, 이러면서 오해가 쌓이고 사건이 사건을 불러오는 식이다. 예컨대 현회는 상현이 여동생과 같이 있는 장면을 보고 아내와 단란한 한때를 보내는 중이라고 오해, 날카롭게 긴장해 있는 중에 영철의 모욕적 언사를 목격하고는 우발적으로 살인을 저지른다. 이 소설의 초점 화자는 현회 단 한 명인데, 그 화자를 완전히 믿기 어렵다는 문제도 있다. 애거사 크리스티의 〈애크로이드 살인 사건〉이나 주요섭의 〈사랑손님과 어머니〉 등에 등장하는 화자, 즉 신뢰할 수 없는 화자(unreliable narrator)까지는 아니더라도 현회의 생각과 판단은 적잖이 자기중심적이다. 감상성은 자제하고 있지만 자기연민과 자기미화의 색채를 다 벗어나진 못하고 있다.

그 외에도 〈표류도〉에는 통속적 화소가 많다. '사생아' 딸린 다방 마담

이 혼외 관계에 휘말려 들고, 고아인 다방 레지가 타락하고 쇠약해진 끝에 자살한다. 일상생활에서 이런 존재는 관성적 판단과 감정을 불러일으키기 십상이다. "사생아? 다방 마담? 뻔하지 뭐"라든가 "레지의 비극이구먼. 그러니 착실한 직업을 가졌어야지" 같은 반응 말이다. 우발적 살인 후 법정에서 현회가 곤욕을 치렀던 것도 그 때문이다. 현회는 대학 시절 동급생과 사실혼 관계에 있었으면서도 법적 혼인 과정을 거치지 못했고, 때문에 그의 죽음 후 '사생아'를 키우는 처지에 있었던 것이다. 그러나 〈표류도〉는 이들 통속적 화소를 활용하면서도 그것에 깊이 저항하고 있다.

4 통속의 문법과 반(反)통속의 감각

위에서 〈표류도〉가 박경리의 문학적 생애에서 차지하는 위치를 가늠하고 〈표류도〉의 인물과 서사를 소개했으니, 이제 〈표류도〉의 가치와 매력을 살펴보았으면 한다. 먼저 설명하고자 하는 것은 소설과 영화를 비교하면서 시사한 바 있는 '통속과 반통속 사이의 긴장'이라는 측면이다. 〈표류도〉가 어떻게 통속적 화소의 서사를 활용하면서도 그것에 순응하기보다 맞서고 있는지 생각해 보려는 것이다. 〈표류도〉는 어떤 인물과 화소와 서사로써 반통속의 동력을 만들어냈는가.

먼저 교양이라는 자산이 있다. 멋쩍게도 학력 교양조차 전시된다. 주인공 현회는 1950년대 당시로선 드물게도 대학을 나와 교사직을 거친 여성이다. 게다가 영어에 능통해 부업으로 번역을 하고, 아무리 피곤해도 귀가 후 책 몇 쪽 읽기를 잊지 않는다. 악역 최영철이 미국인과 나누는 모욕적 언사에 분노할 수 있었던 것도 그 영어 대화를 막힘없이 이해할 수 있었기 때문이다. 상현과 만나며 함께 하는 미래를 꿈꿀 때도 현회는 사라센 문명의 역사를 연구하는 일상을 상상한다. "나는 조용한 서재에 앉아서 끝없고 엄청나게 방대한 역사의 한 모서리를 깎아먹는다. 얼마나 충실된 시간일까?" 사학을 전공한 '여학사(女學士)'다운 꿈이다.

물론 교양은 반통속의 동력으로는 충분치 못하다. 교양은 속물성과 쉽게 결탁하니 말이다. 돈과 시간이 있다면 모방도 그리 어렵지 않다. 현회의 친구 계영이나 악역 최영철 같은 경우 외면적 교양만 따지자면 현회 못지않고, 현재 다방 마담인 현회보다 오히려 낫다고도 할 수 있다. 그렇지만 그들의 학력이며 직업이며 외국어 능력 등은 속물적 가치를 추구하는 데 쓰일 뿐이다.

반면 〈표류도〉의 주인공 현회는 그런 속물성을 혐오하고 경멸한다. 계영이나 영철의 부나 지위에 주눅드는 법이 없다. 물질적·세속적 가치를 따라 부유하는 그들과 달리 현회는 자기 자신을 확고한 기준으로 삼고 진정한 자기를 만들고 확장해 가는 데 진력한다. 영철을 살해한 후에도 현회가 일체 죄의식을 발설치 않는 것 또한 그것이 '자기의 마음에 대해'서는 죄가 아니기 때문이다. 속물들의 부유(浮遊)와 달리 현회의 표류는 실존적 충실을 전제한 표류다.

〈표류도〉의 언어는 냉정하고 지적이며 자기비판적이다. 〈애가〉가 미모의 비극적 수인공을 내세운 것은 물론 서술의 언어조차 감상적 색조로 처리했던 것을 생각한다면, 몇 달 후 나온 〈표류도〉의 일관된 냉정성은 놀랍다. 〈표류도〉의 현회의 나르시시즘은 서술에 있어서의 지적·해부적 언어에 의해 끊임없이 견제된다. 음악을 들으며 슬픔을 느끼다가도 "슬프다는 것은 청승맞고 궁상스럽고 (…) 거대한 차량 밑에 깔려 죽어야 할 생각들이다"라고 곱씹거나, 신문에 보도된 불행한 사연을 보며 눈물 흘리다가도 "이런 망상들은 몸이 좋지 않으려는 전주곡이다"라며 마음을 곧추세우는 식이다. 현회는 상현과 성(性)을 나눈 후에도 "그에 대한 그리움 속에 빽빽 지근한 적대의식"을 감지하고, 법정에서 자신을 변호하는 변론을 듣고 나서도 "변론은 길고도 좀 지루한 것이었다"고 평가하는 거리 감각을 잊지 않는다.

〈표류도〉의 반통속을 지탱하는 거점 중 또 하나는 경제적 감각이다. 〈표류도〉는, 주인공 현회는 끊임없이 돈에 대해 말한다. 소설 첫머리에 다방 풍경을 소묘할 때부터 현회는 '70만환의 빚'과 '매달 또박또박 들어가는 1할 변의 이자 7만환'을 의식한다. 1년 이자만도 원금을 훌쩍 넘어서는 무시무시한 이자율이다. 매달 이 빚을 갚아가야 하는 처지인데 장결핵에 복막염을 치레로 앓은 어머니를 위해 지불해야 할 병원비도 만만찮다. 현회는 상현과의 사랑에 빠져있을 때도 어머니에 딸 훈아에 이복동생 현기까지 책임져야 하는 가장으로서의 부담을 한시도 내려놓지 못한다. 경제적 책임에 대한 한결같은 의식은 〈표류도〉의 중요한 특색이다. 현회는 홀가분한 개인이길 갈망하지만 결코 가족에 대한 책임에서 벗어날 수 없다.

이렇듯 연애에 대한 낭만화도 가족애에 대한 낭만화도 거부하는 만큼 〈표류도〉의 세계는 결코 안온하지 않다. 그것을 감각적으로 전달하듯 〈표류도〉에는 겨울이라는 계절 감각이 지배적이다. 찬찬히 살펴보면 이 소설은 네 번의 겨울을 나는 만 3년 동안의 이야기라는 것을 알 수 있다. 당연히 봄도 여름도 가을도 있지만, 소설의 중요 서사가 진행되는 배경은 대부분 겨울이며, 각 1년씩 서사가 분절될 때도 그 서두는 겨울이다.

〈표류도〉가 시작하는 첫 장면부터 그렇다. 영하 18도의 추운 날씨에 현회는 다방 마돈나에서 손이 곱아드는 한기를 느끼며 뜨개질을 하고 있는 참이다. 다방은 시내 빌딩의 북서쪽 모퉁이 위치라 더욱 춥다. 그 속에서 현회는 "마치 제빙공장 속의 거대한 얼음 덩어리가 꽉 들어박혀 오는 듯한" 무서운 냉기를 느낀다. "너무 피로하고 추운" 탓이다.

현회는 얼음을 삼킨 듯한 추위에 몸서리치면서도 그 추위를 몰아내려 하지 않는다. 상현과의 미래를 꿈꿀 때도 자기 방의 위치는 북향이다. 집 자체는 푸른 풀밭 위 환한 햇살 드는 곳이고 어머니며 딸을 위해서는 밝은 거처를 그리지만, 막상 자기 자신은 "북향으로 자리를 잡은 나의 서재와 침실에는 묵중한 커튼을 늘여야겠다"고 계획해 보는 것이다. 그것은 행복 앞에서 당황하고 "행복할 때 걱정을 안 하면 이내 벌이 닥쳐올 것" 같다고 느끼는 현회의 깊은 내면에 어울리는 시각적·촉각적 환경이다. 낭만적 환상을 갖지 못한 데다 행복이나 쾌락을 추구하지 못하는 만큼 현회에게 인생은 근본적으로 고통이다. 그럼에도 생의 의지를 긍정한다면 그 방향은 고통을 무릅쓴 생의 확장과 도약일 수밖에 없다.

생의 윤리, 생명의 윤리라 불러야 할 이 면모는 〈표류도〉의 통속성을 막는 마지막의 그리고 가장 강력한 토대다. 현회는 '혼외정사'라 불릴 법한 애정 관계를 지속하면서도 그것을 죄나 부도덕으로 생각하지 않는다. 법적 혼인 절차 없이 동급생과 살 때도, 또 아이를 임신한 채 그와 사별했을 때도 현회는 통념적 도덕의식에 흔들리지 않는다. 어머니는 법적 남편 없이 자식을 낳았다며 현회를 비난하지만, 현회는 대꾸 없이 "치마를 발기발기" 찢음으로써 그런 비난에 굴복지 않을 의지를 표현한다. 그에게 도덕의 표준은 자기 자신뿐이다. 세상의 어떤 법이나 도덕도 현회에게 죄의식을 강제할 수 없다. "자기 마음의 죄"에 저촉되지 않는 이상 세속의 징계나 오명(汚名)은 거추장스러운 장애일 뿐이다.

우발적 살인 후 징역살이를 하면서도 현회가 '생의 확장'을 다짐할 수 있는 것은 그 때문이다. "내 생명이 있는 한 나는 나에 대하여 거짓으로 살아가지는 않으리라. 이 속에서도 내가 절망하지 않고 삶을 의식하는 이상 여하한 고난도 내 마음의 생장을 막지는 못하리라." 현회는 감옥 속에서 동료 죄수들을 통해 다양한 삶을 목격하면서 오히려 한 치 성장했다고 느끼기마저 한다. 이와 같은 현회의 감각에는 전쟁 체험이 강력하게 작용하고 있다. 그는 언제나 혼자라고 느끼며 "어쩔 수 없는 절벽이라면 혼자 굴러떨어지는 수밖에" 없다고 생각하는데, 그럴 때마다 전쟁통에 죽어갔던

많은 이들을 연상하는 것이다. "사람들은 귀로, 코로, 눈으로 피를 쏟으며 혼자 죽어갔다. (…) 역사, 역사다. 외로워할 필요는 없어."

〈표류도〉가 보여주는 고통의 윤리는 식민과 전쟁과 개발을 통과해야 했던 20세기 한반도의 역사적 산물이다. 자칫 통속적일 장치를 빈번히 활용하면서도 〈표류도〉가 끝내 통속에 저항할 수 있었던 데는 그 윤리 감각이 작동하고 있었다고 할 수 있을 터이다. 결국 현회는 출소 후 상현과의 결합을 거부하고 '표류'에 대한 실존적 권리를 선택한다. 감정의 결합도 지성의 결합도 아닌 '의지의 결합'을 피력하는 환규와의 결연이 암시되고 있긴 하지만, 그 또한 가능성에 그칠 뿐이다. 환규와 함께 '표류'한다 해도 그것은 또 다른 모험일 따름, 환규는 결코 구원자가 될 수 없다. 현회를 구원하는 것은 그 자신이어야만 한다.

소설 〈표류도〉의 이렇듯 독특한 감각은 영화 〈표류도〉에서는 거의 지워지고 만다. 영화는 특히 출소 후 서사를 완전히 변조시켜 현회를 가련한 신파적 주인공으로 만들어버린다. 현회와 상현의 행복한 한때, 그렇지만 피할 수 없는 비극적 결말이라는 전개가 영화에서 대신 제안하는 서사다. 〈표류도〉에서는 상현이 현회를 단념하고 미국으로 떠나지만, 〈표류도〉의 상현은 가족과 직업과 도시 생활을 포기한 채 현회를 선택한다. 둘은 서울을 등지고 여수 인근의 섬으로 떠나 그곳에서 잠시 둘만의 단란한 생활을 보낸다.

그러나 본래 병약하던 현회의 건강이 무너지면서 행복은 짧은 시간으로 끝나고 만다. 서울에서 급히 내려온 어머니와 딸이 지켜보는 가운데 현회는 눈을 감는다. 영화 〈표류도〉에서 현회의 고유한 감각과 윤리는 소설에서만큼 분명하지 않고, 그나마 때이른 죽음으로써 처벌받고 있다. 영화는 소설에 비해 한결 통속의 문법을 강화시켰다고 할 수 있겠는데, 그것은 거꾸로 〈표류도〉가 얼마나 독특한 소설인지, 사회적·법률적 단죄에는 물론 참척(慘慽)의 불행—소설에서 현회의 딸 훈아는 현회가 복역 중 사고로 죽는다—에도 굴하지 않는 여성 주인공이 얼마나 독자적인 인물인지를 방증해 주고 있다.

5 '전쟁미망인' 문제와 〈표류도〉

〈표류도〉를 연재할 때 박경리는 아직 30대 초반이었다. 주인공 현회와 비슷한 연령이다. 때문인지 〈표류도〉를 작가 박경리의 사연인 양 읽으려는 사람들이 많았다고 한다. 박경리가 다방을 경영한 적이 있다는 둥 감옥에도 다녀온 적이 있다는 둥 하는 소문도 있었다. 물론 작품을 읽고 작가를 연상하는 일은 피하기 어려운 일이다. 〈표류도〉처럼 통속적·자극적 화소를 활용한 소설이라면 더욱 그렇다.

그렇더라도 박경리에 대해서는 '사소설(私小說)'의 혐의가 유난했던 듯하다. 박경리가 전작 〈불신시대〉 〈암흑시대〉에서 아들을 잃은 경험을 소설화한 영향도 있었을 것이다. 작가라면 작품에 자신을 투영하는 일 못지않게 비-자기(non-self) 또는 반-자기(anti-self)의 실험에 매혹되기 마련이겠지만, 박경리에 대해서는 그 사적 생활을 탐문해 내려는 시선이 특히 집요했던 것 같다. 그런 시선을 돌파하면서 소설을 계속 써냈다는 점에서도 박경리는 '용감한 언니'였다.

박경리가 1950년대 당시 표현으로 '전쟁미망인' 또는 '전재(戰災) 미망인'이었기 때문에 그에 대한 탐문·감시의 시선이 유난했을지도 모른다. '양공주'나 'UN부인'으로 불린 성매매 여성만큼 불편하거나 불안하진 않았을지언정 '전쟁미망인'은 한국전쟁으로 인한 박탈을 상징하는 단어 중 하나였다. 신문이나 잡지 지면에서도 '전쟁미망인'이란 말을 쉽게 찾아볼 수 있다. 전쟁이 여성에게 남긴 폭력적 영향을 웅변하는 이 용어에 해당하는 인구는 30만에서 50만 사이로 추산되고 있다. 젊은 여성 인구의 10% 이상에 해당하는 숫자였다.

이들은 대개 자립적 경제 능력을 갖추지 못한 이들로, 아직 어린 자녀를 책임지며 힘겹게 생계를 꾸려가야 했다. 1950년대의 통계를 신뢰하기 어렵긴 하지만, 전쟁미망인 중 약 80%가 초등 교육도 받지 못했다고 한다. 전쟁미망인 및 그 자녀를 수용하기 위한 모자원(母子院) 등의 시설이 마련됐지만 그 시설이 수용할 수 있는 인원은 소수에 불과했으며, 수용된 경우라 해도 쌀·반찬·땔감 등을 배급에 근근히 의존했을 따름이라 겨울에 난방도 되지 않는 환경에서 살아야 하는 일이 잦았다.

전쟁의 폭력을 최전선에서 겪었던 것은 전투원으로 동원된 청·장년 남성이었을 터이다. 그러나 한국전쟁은 한반도 남녘 거의 대부분을 휩쓸고 지나간 데다 이웃·친지 간 살육전까지 수반한 잔인한 전쟁이었던 만큼 전쟁의 영향에서 자유로운 사람은 거의 없었다. 전쟁 초기에 남편을 잃고 전쟁 직후 열악한 의료 환경 때문에 아들을 잃은 박경리 또한 전쟁의 폭력적 영향을 직접적으로 경험했다. 평균적인 '전쟁미망인'보다 훨씬 높은 학력 자본을 갖고 있었을지언정 생활을 꾸려갈 방도는 그에게도 막막했으리라. 전쟁 전 근무했던 교사직도 전쟁 후에는 유지할 수 없었던 듯하다.

초기 소설에 반복적으로 재봉과 뜨개질이 출현하고 있는 것도 생활의 압력에 대한 표현이었으리라. 무학(無學)의 전쟁미망인들은 장사나 품팔이로 돈을 벌었고 기껏 기술이라야 재봉일 정도가 고작이었는데—전쟁미망인에게 재봉을 가르치기 위한 '무궁화 재봉학원'도 따로 설치됐다—박경리의 처지도 별다르지 않았던 듯하다. 돌이켜 보면 〈표류도〉의 현회 역시 첫 장면에서부터 곱아드는 손을 녹이며 뜨개질에 열중하고 있지 않았던가. 그것은 취미나 소일이라기보다 생활을 깁고 잡념을 지우려는 움직임이었다.

한가로운 기예로서가 아니라 굶주림을 면하기 위한 방편으로서의 수공(手工)—이것은 사회적·경제적 존재로서 여성의 출발점 중 하나다. '삯바느질로 살림을 꾸려갔다는' 이야기가 여성의 생애 서사에는 흔하디흔하다. 여성 해방에 기여한 고전 중 하나로 꼽히는 입센의 〈인형의 집〉에서 노라가 뜨개질하는 장면을 생각해 봐도 좋겠다. 성공한 은행가인 남편은 뜨개질을 못마땅해하면서 차라리 우아한 자수를 권하지만, 온순한 성격이면서도 노라는 뜨개질이라는 행위를 좀체 포기하지 않는다. 〈인형의 집〉 마지막에서 남편은 물론 아이들마저 두고 집을 나간 노라는, 루쉰의 날카로운 평마따나 굶어 죽거나 성매매로 생활하거나 해야 했을지도 모르지만, 어쩌면 뜨개질로 독립된 생활을 개척해 갔을지도 모른다. 1950년대 박경리 소설의 주인공들이 그러했듯이.

전쟁미망인이 문제적 현상이었던 만큼 1950년대에는 전쟁미망인을 주인공으로 내세운 소설이나 영화 등도 많았다. 라디오드라마로 폭발적 인기를 끈 후 영화로도 흥행에 성공한 〈동심초〉가 대표적이다. 〈동심초〉는 전쟁미망인이 딸을 훌륭하게 키워낸 후 뒤늦게 사랑에 빠진다는 사연을 중심으로, '전쟁미망인도 행복할 권리가 있다'는 의식과 '전쟁미망인의 일탈은 기존의 가족 질서를 이중으로 위협한다'는 감각 사이 줄타기 끝에 결국 주인공이 사랑을 포기한다는 서사를 보여주고 있다. 〈청실홍실〉이나 〈유혹의 강〉 같은 전쟁미망인 소재 다른 영화도 비슷하다. 〈청실홍실〉에서는 전쟁미망인인 주인공이 옛 애인과 재회하지만 사랑 앞에서 주저하고, 〈유혹의 강〉에서는 여러 전쟁미망인이 애욕에 휩쓸리는 중에도 주인공은 끝내 납북된 남편을 기다린다.

요컨대 1950년대의 전쟁미망인 소재 소설이나 영화는 주인공의 비애와 격동을 이해하면서도 그것을 최종적으로 승인하진 않는 서사가 주류였다고 할 수 있겠다. 현회-상현을 결합시켜 버린 영화 〈표류도〉가 이 점에선 이색적이라고 할 수 있을 텐데, 원작인 소설 〈표류도〉의 경우 서사 자체는 주류 서사와 크게 다르지 않다. '갈등, 방황, 그렇지만 제자리'라고 할 수 있을 법한 이 주류 서사는 여성과 가족 질서에 대한 당시의 사회적 시선을 잘 보여준다. 청장년 남성 중 상당수가 전사와 납월북 등으로 사라진 후 '전쟁미망인'이라는 취약한 처지의 여성은 어떻게든 남성의 부재를 견디고 메워나가야 했다. 현회가 직업으로 택한 다방 마담 역시 그런 보충의 방법이었다.

전쟁미망인뿐 아니라 여성 일반의 사회진출이 늘었다는 것은 1950년대의 중요한 특징 중 하나다. 1950년대에는 직업과 경제적 부문에서의 여성 진출이 늘었을뿐더러 '계·댄스·자모회'라는 말로 상징되듯 반(半)사회적 심지어 반(反)사회적이라는 비난을 받은 부차적 활동도 많았다. 금융이 안정되지 않은 가운데 계(契)라는 사금융을 조직·운용하고, 교육제도가 정비되지 못한 상황에서 자모회를 통해 학교를 지원하거나 간섭하고, 또는 소비·여흥의 문화와 기구가 미비한 환경 속에서 댄스를 배우고 댄스홀에 출입하면서, 여성은 그야말로 전방위에서 새로운 존재로 거듭났다.

1950년대에 여성 작가들이 약진했던 것 또한 같은 맥락에서 생각해 볼 수 있을지 모른다. 박경리 외에 강신재·박순녀·손소희·임옥인·한말숙 등 많은 여성 작가들이 한국전쟁기 전후에 등장해 활발한 창작 활동을 했다. 여성 교육이 확대되고 여성 잡지가 차례로 창간되기도 했다. 여성 정치인의 활약도 두드러졌다. 때로 거센 비난을 받았고 당연히 부정적 행태를 보이기도 했지만, 1950년대의 여성들은 과거 어떤 때보다 모험적 시기를 살아냈다.

〈표류도〉를 통해 여성의 수난과 모험이 가장 다채롭게 제시되는 것은 후반부의 감방 장면에서다. 살인 사건 후 현회는 1년 6개월의 징역형을 선고받고 감옥살이를 한다. 실제로는 1년 만에 가석방됐으니 짧다면 짧은 옥살이다. 옥중에서 현회는 "사회라는 공동기구 속에서 혜택을 받지 못한, 또는 박해를 받은" 여성들의 비극을 몇 번이고 목격한다. 동료 수감자 중에는 밀수꾼도 있고 성매매 여성도 있다. 월북했던 남편이 간첩으로 파견됐을 때 그 공작에 협력했다는 혐의로 잡혀 온 임신부도 있다. 남편은 전쟁통에 좌익이라는 무고(誣告)로 처형당하고, 그 고발자의 첩이 돼 살았으나 어느 날 분노가 폭발해 살인 미수를 범하고 체포된 여성도 있다. 이 여성들과 함께 생활하며 현회는 그들의 불행을 '심장' 가까이 느낀다. 그것은 그들의 "작은 반항과 서투른 이성"에 대한 공감이요 존중이다.

〈표류도〉를 통해 목격할 수 있는 여성의 모험은 1960년대 이후 점차 수그러든다. 1960년 4·19를 통해 '젊은 남성'이 정치적·문화적 중심성을 되찾고, 이듬해 5·16이라는 변수를 겪고 경제·사회적 개발이 본격화되는 가운데, 여성이 감당했던 역할은 점차 줄어들었다. '전쟁미망인' 같은 문제를 딛고 가족 질서도 안정화돼 갔다. 이런 상황을 배경으로 점차 독재적 성격을 강화 중이던 박정희 정권에서는 여성을 향해 '현모양처' 아니면 '산업역군'의 역할을 요구하기 시작한다.

그렇잖아도 1950년대 말에 이르면 해방과 전쟁 이후 붕괴했던 질서를 재구성·창조하려는 의욕이 두드러지고 있었다. 문제는 그동안의 혼란과 모험을 어떻게 수용할 것이냐는 것이었다. 이념적 모색에서 섹슈얼리티의 실험에 이르기까지 1950년대의 다채로운 굴곡을 포용할 것인가 또는 배제할 것인가, 그런 포용이나 배제로써 새로운 질서를 어떻게 만들어가려 하는가. 이런 문제를 다루는 데 1960년대 초반까지가 비교적 개방적이었다면, 중·후반 이후 그 대응의 방책은 점차 보수화돼 간다. 젊고 유능한 가부장의 전일적 지휘 아래 성별·세대별 위계가 뚜렷한 질서가 1960년대 중·후반부터의 국가적 지향이었다. 1950년대에 활발했던 여성 작가들의 활동도 그 후 현저히 침체된다.

6 1950년대의 여성과 사회

한국전쟁은 내전이자 국제전이었다. 한반도가 폐허가 됐고 한반도 주민 중 5백만가량이 목숨을 잃었지만 미·소의 대리전이라는 성격이 짙은 전쟁이었고, 그런 만큼 전쟁을 난데없는 재앙으로 경험한 사람들이 많았다. '조국해방전쟁'이라는 명분을 내세워 전쟁을 시작한 북한보다 근본적으로 수동적·방어적 좌표에서 전쟁에 임했던 남한에서 재앙과 부조리라는 실감은 더욱 강했던 듯 보인다. 특히 젊은 세대는 1950년대 내내 부조리의 실감과 맞싸워야 했다. '재건'과 '부흥'을 표방했지만 실제로는 원조에 의지했던 경제적 조건이나 이승만 1인 독재로 점철됐던 정치적 환경 역시 그런 실감을 부추겼다. 생활의 뿌리가 송두리째 흔들리고 숱한 죽음을 목격해야 했던 전쟁의 체험은 1950년대 내내 한국인의 의식의 근저에 깔려 있었다.

〈표류도〉에서 전쟁의 격변을 전면에서 감당하는 것은 모두 여성이다. 남편을 잃은 주인공 현회부터 그렇거니와, 가족을 모두 잃어버린 광희나 반대로 전쟁 중에 신분 상승을 이룩한 계영 등, 한국전쟁이 야기한 극심한 유동성은 여성의 생애를 통해 표현된다. 상현이나 민기나 환규, 그리고 영철 등 남성 주인공들에 있어서는 전쟁의 영향이 미미하거나 적어도 언급되지 않는다.

다방 마돈나에 레지로 있었던 광희는 월남민이다. 광희의 집안은 유복했지만 북한 체제의 성립 과정에서 그 경제적 기초를 잃었고, 게다가 오빠들 사이 이념 갈등까지 겹쳐 그야말로 풍비박산나고 만다. 전쟁 중 한 명은 행방불명되고, 한 명은 인민군으로 참전했다 포로가 됐지만 북한행을 선택하고, 다른 한 명은 일본으로 밀항해 그곳에 자리잡고 일본 여성과 결혼까지 해버린다. 광희는 한동안 새언니—일본으로 밀항한 오빠의 아내—와 서로 의지하며 살았지만, 일종의 전쟁미망인이었던 새언니가 재혼한 후 홀로 생활을 꾸려나가야 할 처지가 된다. 젊고 순진하고 어여쁜 광희에게 세파는 가혹하기만 하다. 광희는 현회를 짝사랑하는 민우를 좇다가 임신한 채 버림받고, 이후 술집으로 성매매업소로 전전하다 노숙하며 몸을 파는 처지로까지 전락한다.

현회와 광희가 재회하는 것은 형무소에서다. 다방을 그만두고 고작 다섯 달인데 광희는 몰라보게 달라져 있다. 알콜 중독자에 성병 환자요, 성매매 상대의 지갑을 훔치려다 절도 혐의로 투옥된 상황이다. 현회는 광희를 구원하려 노력하지만, 광희는 결국 환각에 시달리다 자살하고 만다. 순결하고 연약한 영혼이었던 만큼 그에게 전쟁의 폭력은 유난히 잔인했던 것이다.

반면 어린 시절부터 현회의 이웃에서 자라난 계영은 해방과 전쟁의 혼란기에 신분 상승을 거듭한다. 가족을 버리고 중국으로 떠난 현회 아버지와 마찬가지로 계영의 아버지 역시 만주로 이주해 대체로 모리(謀利) 행각을 벌였으나, 해방 후 애국지사 연하며 전력을 숨기는 데 성공한 덕이다. 식민 말기에 감옥살이를 한 것을 기화로 계영의 아버지는 독립운동가였던 양 위장하고, 그에 힘입어 해방기 '적산(敵産) 불하' 와중에 이득을 취하는 한편 딸 계영을 청년 장교와 결혼시킨다. 계영의 남편 역시 전쟁 중에 돈과 권력을 획득하는 데 성공, 현회가 다방 마돈나를 꾸릴 무렵 계영은 장성(將星)의 아내로서 한창 기세를 뽐내는 중이다.

급전직하의 몰락과 수직상승의 성공. 광희와 계영을 통해 볼 수 있듯 극심한 유동성은 해방과 전쟁을 통해 한반도 거주민의 다수가 경험한 현실이었다. 그것을 생이 찢기는 폭력으로 경험한 이들이 훨씬 많았겠으나, 기존 질서의 철저한 붕괴는 뜻밖에 자유와 해방감을 안겨주기도 한다. 한국전쟁 종전 무렵 갓 스물이었던 이어령의 회고를 그런 점에서 기억해 봄 직하다. 이어령의 말에 따르면 환도(還都) 후 목격한 서울 거리는 완연한 폐허였고, 그러나 전쟁 이전 높은 건물이 서있던 자리를 가로지를 때 묘한 자유를 느꼈다는 것이다. 그것은 기존의 자산과 더불어 기존의 통제나 금기 또한 잃어버린 젊은 세대가 실감한 자유였을 터이다.

이어령은 대학 재학 중 발표했던 유명한 〈화전민 지역〉에서 "우리는 화전민"이라며 "저 잡초더미와 불순물을 땅의 자양으로 바꾸는" "성실한 반역"을 촉구했다. 1950년대 한 켠에는 그런 재출발과 재구성에의 의욕이 존재했다. 해방과 더불어 식민권력이 사라졌고, 그 위에 전쟁으로 기존 질서가 무너진 상황에서 윤리와 사상에서부터 가족과 사회, 정치와 권력구조 등을 재편해야 할 필요가 엄연했기 때문이다. 대부분 생존주의와 가족주의에 속박돼 있었으나 생의 의지와 가족이란 인연마저 거부하려는 소수가 존재하기도 했다. '양공주'와 '아프레걸'과 '전쟁미망인' 등 어휘의 유행이 보여주듯 개인-가족-사회-국가라는 축을 조직하는 데 핵심적인 젊은 여성들 또한 때로 폭력에 쫓겨 때로 자발적으로 그 축에서 일탈하고 있었다.

〈표류도〉의 현회가 강렬하게 드러내는 단독성에의 열망은 위와 같은 1950년대의 특징과 공명한다. 현회는 남편에게 버림받은 어머니가 자기 연민을 드러낼 때도 '고독을 혼자서 처리하세요'라고 생각하고, 임신한 광희가 수습책을 상의해 올 때도 "너 자신이 처리해야지"라고 먼저 뱉어버리고 만다. 당연히 현회는 자기 자신에 대해서도 타인의 연민이나 공감을 기대하지 않는다. 그 자신의 인생, 어쩔 수 없는 삶의 의지를 처리해 가며 한편 가족에 대해 부양의 의무를 다할 뿐이다. '섬'이라는 고립된 의식은 불가피하다. 그런 만큼 〈표류도〉의 결미에 이르러 현회가 '곁에서 나란히 표류해 가자는' 환규의 제안을 받아들이는 것은 의외다. 결혼으로 낙착된 것은 아니더라도 환규와의 결연이 일종의 타협이라는 사실은 분명하기 때문이다.

7 21세기에 〈표류도〉를 읽으며

〈표류도〉는 출판된 지 60년이 넘은 소설이다. 그 사이 시절은 퍽도 바뀌었다. 미국의 원조에 의지하던 한국은 세계 10위권의 경제 강국으로 변신했고, 아메리카니즘에 굴종하던 한국 문화는 K-문화를 자부하게끔 성장했다. 그럼에도 〈표류도〉는 여전히 젊은 소설이다. 〈표류도〉를 통해 박경리가 제기하고 있는 각종의 감각과 문제가 오늘날 여전히 유효하다는 점에서 그렇다. '전쟁미망인'에 '사생아' 운운하던 한국 사회는 몇 해 전부터 '미투'와 '페미니즘 리부트' 속에서 젊은 여성들이 변화의 동력으로 등장한 상황을 목도하고 있지만, 그럼에도 〈표류도〉가 보여준 바 일과 사랑과 성과 가족을 둘러싼 고심의 내용은 크게 달라지지 않았다. 주인공 현회의 의식과 언어는 그 고심을 명징하게 표현하고 있고, 그의 행동은 고심 끝의 결정을 단호하게 옹호하고 있다.

그러나 〈표류도〉는 비단 젊은 여성들뿐 아니라 더 광범한 독자들에게 권하고 싶은 소설이다. 〈표류도〉 이후, 4·19와 5·16과 개발독재를 겪으며 형성돼 온 한국의 근대 모델이 동요하고 있는 시절에 지금 우리가 다다라 있다는 점에서 그렇다. 〈표류도〉가 소설화해 낸 1950년대의 고투는 20세기 후반 한국이 목표 삼았던 근대화와 민주주의를 성취한 지금, 어떻게 새로운 감각과 윤리와 사회의식을 구성해 갈지를 생각할 때도 좋은 착안점이 될 수 있을 터이다. 박경리는 〈표류도〉 이후 〈성녀와 마녀〉 〈시장과 전장〉 등 당대 배경의 장편을 여러 편 발표한 후 〈김약국의 딸들〉을 거쳐 〈토지》의 세계로 이동해 간다. 〈표류도〉의 현회가 보여준 것 같은 단독성에의 의지는 여전하지만, 그것이 얽히고설킨 가문과 이웃과 민족의 관계 속에서 굴절되고 시간 속에서 희석되는 것이 〈토지〉의 세계다. 한국에 있어 근대화·민주화의 시기였던 1960년대 후반~1990년대 초반 내내 발표된 방대한 분량의 〈토지〉에 대해서는 또 다른 논의가 필요할 터인데, 이 글을 읽어주신 분들이 〈토지〉를 생각할 때 〈표류도〉 역시 떠올릴 수 있다면 다행이겠다.

참고 문헌

- 권보드래 외. 《아프레걸 사상계를 읽다—1950년대 문화의 자유와 통제》. 동국대학교 출판부, 2009.
- 김양선. 〈전후 여성 지식인의 표상과 존재 방식—박경리의 『표류도』론〉. 《한국문학이론과 비평》 43호(2009).
- 김은하. 〈전쟁미망인 재현의 모방과 반역—『표류도』를 대상으로〉. 《인문학연구》 47호(2014).
- ______. 〈젠더화된 국가 재건과 잃어버린 열정—박경리의 『표류도』(1959) 다시 읽기〉. 《비교문화연구》 57호(2019).
- 우현용. 〈영화 속 전쟁미망인 표상 연구—〈미망인〉, 〈동심초〉, 〈동대문 시장 훈이엄마〉를 중심으로〉. 《현대영화연구》 16호(2013).
- 이임하. 《여성, 전쟁을 넘어 일어서다—한국전쟁과 젠더》. 서해문집, 2004.
- 토지학회. 《박경리와 전쟁》. 마로니에북스, 2018.

더 읽어보기

〈표류도〉 외에 박경리의 장편소설 중 다음 책들을 권하고 싶다.

박경리. 《김약국의 딸들》. 마로니에북스, 2013.

《시장과 전장》. 마로니에북스, 2013.

박경리 및 그의 《토지》에 대한 입문서로는 다음과 같은 책을 추천한다.

김연숙. 《박경리의 말》. 천년의상상, 2020.

토지학회. 《토지 인물열전—박경리 대하소설 『토지』를 읽는 또 하나의 방법》. 마로니에북스, 2019.

박경리 소설을 원작으로 한 영화 중에서는 다음 영화들을 우선 추천한다.
한국영상자료원 홈페이지 또는 유튜브 한국영상자료원 채널에서 찾아볼 수 있다.

권영순. 〈표류도〉(1960).

유현목. 〈김약국의 딸들〉(1963).

겐지모노가타리

일본 고전 명작의 작품세계와 계승

김수미

1 배경 및 작가 소개

1.1 문학사상 작품의 위치와 작자

《겐지모노가타리(源氏物語)》는 헤이안 시대(平安時代, 794년-1192년), 약 1008년 전후에 성립된 일본의 대표적인 고전 작품이다. 전 54권으로 구성된 방대한 양의 장편 소설로 탁월한 심리묘사, 뛰어난 구성, 수려한 문체 등으로 일본 문학사상 최고의 걸작으로 인정받는 작품이다.

이 작품은 《겐지모노가타리》라는 작품 명칭에서 알 수 있듯이, '겐지의 이야기(源氏の物語)', 즉 히카루 겐지(光源氏)라는 허구적인 인물을 주인공으로 하여 그의 일대기를 그린 작품이다.

이 작품이 처음에 어떻게 불려졌는지 분명치는 않지만, 작자인 무라사키 시키부(紫式部)가 쓴 《무라사키 시키부 일기(紫式部日記)》에서 이 작품을 "겐지의 이야기(源氏の物語)"라 부르고 있는 것으로 보아, 작자가 이처럼 명명(命名)한 것으로 보이며, 이 제목이 제작 당시나 그 이후에도 널리 사용된 것으로 보인다. 하지만, 그 이후 고주석서나 옛 사본을 살펴보면 다음과 같은 다양한 작품명이 존재하고 있다. 그 대다수는 작품의 남녀 주인공인 히카루 겐지와 무라사키노우에(紫上)의 이름을 차용한 명칭으로, '히카루 겐

지의 이야기(光源氏の物語)' '히카루 겐지(光源氏)' '겐지(源氏)' '무라사키의 이야기(紫の物語)' '무라사키의 연고(紫のゆかり)' '무라사키 연고의 이야기(紫のゆかりの物語)'등, 여러 이름들이 등장하고 있다. 또는 이를 줄여서 '겐고(源語)' '시분(紫文)'과 같은 약칭의 제목도 존재한다(김수미 2020, 16).

문학사상《겐지모노가타리》의 위치를 살펴보면, 헤이안 시대 '모노가타리(物語)' 장르에 속하는 작품으로 이를 '왕조 모노가타리(王朝物語)'라 부르기도 한다. '모노가타리'란 일본 고유한 문자인 가나문자(仮名文字)로 기록된 옛 소설, 산문문학을 일컫는 용어인데, 협의의 의미로 고전 작품 중에서도 특히, 헤이안 시대부터 중세에 걸쳐 제작된 옛 소설 작품들을 지칭할 때 주로 사용된다.

고대(古代)부터 일본에 존재하던 전설이나 설화 등은 헤이안 시대 중국에서 들어온 사서(史書)나 한문소설 등의 영향을 받아 한문으로 필사되었는데, 이러한 토대 위에 헤이안 시대 초 가나문자, 히라가나(平仮名)가 탄생, 보급되어 감에 따라 히라가나로 기록된 고전설 형태에 의거한 새로운 일본문학 장르가 탄생하게 되었다. 이를 '모노가타리'라 한다. 헤이안 시대 모노가타리는 크게 허구 모노가타리(作り物語)와 우타 모노가타리(歌物語), 두 계보로 나누어 발전되어 왔다. 허구 모노가타리는 픽션에 가까운 전기적인 내용의 소설류를 가리키며, 우타 모노가타리는 우타(歌, 노래)를 중심으로 한 소설로, 와카(和歌), 시가(詩歌) 등의 운문문학에서 발전한 것이다.

현재 모노가타리 중 최초의 작품으로 알려진 것은《다케토리모노가타리(竹取物語)》라 할 수 있다. 이 작품은 작자가 불분명하고 현재 정확한 제작

표 1_헤이안 시대 모노가타리 문학의 흐름

허구 모노가타리 (作り物語)	다케토리 모노가타리 (竹取物語) 9C 말-10C 초 ⇒	우쓰호 모노가타리 (宇津保物語) 10C 말 ⇒	오치쿠보 모노가타리 (落窪物語) 10C 말 ⇒	**겐지모노가타리** (源氏物語) 11C 초
우타 모노가타리 (歌物語)	이세 모노가타리 (伊勢物語) 10C 초-중 ⇒	야마토 모노가타리 (大和物語) 10C 중 ⇒	헤이추 모노가타리 (平中物語) 10C 중-후 ⇒	

시기도 알 수 없지만, 9세기 말에서 10세기 초에 성립된 것으로 추정되며, 일본 문학사상 모노가타리의 시조라 보고 있다. 허구 모노가타리는 《다케토리모노가타리》 이후, 《우쓰호모노가타리(宇津保物語)》, 《오치쿠보모노가타리(落窪物語)》의 작품군이 등장하며 발전해 가게 되고, 우타 모노가타리는 첫 우타 모노가타리로 알려진 《이세모노가타리(伊勢物語)》와 《야마토모노가타리(大和物語)》, 《헤이추모노가타리(平中物語)》가 남아있다. 이와 같이 헤이안 시대 모노가타리 작품이 많이 남아있지 않은 가운데, 이 두 계보가 집대성되어 11세기 초 만들어진 작품이 《겐지모노가타리》라 할 수 있다.

헤이안 시대 모노가타리 작품은 정확한 작자명을 알 수 없는 작품이 대다수이고 《겐지모노가타리》의 경우도, 그 사본에 작자명이 기재되어 있지 않아 종래 이 작품의 작자로 여러 가지 설이 존재해 왔다. 하지만, 현재로는 무라사키 시키부라는 여성이 집필한 작품으로 보는 것이 정설이다. 그 이유로는 그녀가 쓴 《무라사키 시키부 일기》에 《겐지모노가타리》 집필에 관련된 내용이 존재하며, 가마쿠라(鎌倉) 초기의 문학 평론서인《손비분먀쿠(尊卑文脈)》에 이 작품의 작자로 무라사키 시키부의 이름이 기재되어 있다는 점을 들 수 있다.

헤이안 시대 모노가타리 작품의 경우, 그 제작층과 향수층이 대다수 여성이었는데, 여러 명이 제작에 관여하고 후대 필사하는 과정에서 본문의 변경, 가필이 종종 행해져 왔기 때문에 작자명이 알려져 있지 않는 경우가 대부분이었다. 이와 같이 모노가타리가 특정 작가의 작품으로 존중받지 못하던 시기에 중세 남성 학자가 쓴 평론서에 무라사키 시키부라는 여성의 이름이 기록되어 있다는 사실은 무라사키 시키부를 이 작품의 작자로 인정한 매우 특이한 예로서, 문필가로서의 그녀의 위상을 짐작케 해준다.

그렇다면 작자, 무라사키 시키부는 어떠한 인물이었는지 잠시 살펴보도록 하자.

그녀는 한시문에 능통하고 산문뿐만 아니라, 가인으로도 그 자질을 발휘하여, 중세 후지와라노 데이카(藤原定家)가 뽑은 36명의 대표적인 가인(歌人)으로도 이름을 올리고 있다. 현존하는 작품으로는, 앞서 언급한《겐지모노가타리》,《무라사키 시키부 일기》이외에《무라사키 시키부 가집(紫式部集)》이 있다.

무라사키 시키부는 헤이안 중기 학자이자 지방관을 역임한 후지와라노 다메토키(藤原為時)의 딸로 출생하여 어릴 때부터 아버지의 영향을 받아 한시문과 역사에 능통하였다고 한다. 999년 20살 연상인 후지와라노 노부타카(藤原宣孝)와 결혼한 후, 역시 뛰어난 가인으로 알려진 여아, 다이니노 산미(大弐三位)를 출산하게 되지만, 얼마 안 되어 1001년 남편과 사별하게 된다. 그 이후 과부 시절《겐지모노가타리》 집필에 몰두한 것으로 보여진다. 결국《겐지모노가타리》 집필이 세간의 주목을 받게 되고, 무라사키 시키부는 그 문재(文才)를 인정받아 당대의 권력가 후지와라노 미치나가(藤原道長)에게 발탁되어 미치나가의 장녀이자, 이치조 천황(一条天皇, 980-1011)의 중궁인 후지와라 쇼시(藤原彰子)의 여관(女房)으로 입궐하게 되고 이후에도 계속《겐지모노가타리》 작품 집필을 이어가게 된다.《겐지모노가타리》라고 하는 방대한 양의 장편 모노가타리는 이와 같이 중궁과 권력가의 두터운 신망과 후원이라고 하는 안정된 기반하에 탄생하게 된 것이다.

1.2
작품의 시대상

그렇다면 헤이안 시대 중류 귀족이던 한 여성이 어떻게 이처럼 방대한 양의 작품을 집필할 수 있었는지 당시 작품이 쓰여진 시대에 대해 살펴보도록 하자.

헤이안 시대 초기는 헤이조 경(平城京, 현재의 나라奈良)에서 헤이안 경(平安京, 현재의 교토京都)으로 천도하여 새로운 수도를 중심으로 적극적으로 대륙 문물을 받아들인 시기였다. 나라 시대(奈良時代) 약화되었던 율령 정치 재건에 힘을 쏟았고 궁중 문화는 당풍 문화와 한시문에 의해 주도되었다. 하지만 894년 스가와라노 미치자네(菅原道真)의 건의로 인해 견당사(遣唐使) 제도가 폐지

되면서 10세기에 이르러 점차 일본은 당 문화(唐文化)를 일본적인 문화로 소화하여 독자적인 국풍 문화(国風文化)로 발전시켜 나가게 된다. 더욱이 9세기경 가나문자라고 하는 일본의 고유한 문자의 탄생은 국풍 문화, 국풍 문학의 발전은 더욱 가속화시켰다. 일본인들은 자신의 감정이나 심성을 독자적인 문자 체계, 언어 표현을 통해 자유롭게 적을 수 있게 되었고 이로써 모노가타리, 와카, 일기, 수필과 같은 가나문학(仮名文学)이 비약적으로 발달하게 되었다. 특히, 문학에 주로 사용된 히라가나는 한자를 초서체(草書体)로 흘려서 간략하게 표기한 것으로서, 여성들이 주로 사용했기 때문에 '온나데(女手)'라 불리기도 하였다. 특히 헤이안 시대 문학 분야에서 작자로서, 독자로서 여성들의 활약이 눈에 띄는 것은 이와 같은 당시 문자 체계와도 관련이 깊다고 할 수 있다.

한편 정치 체계에도 변화를 가져오게 되어 헤이안 중기에는 율령제가 형식화되고 '셋칸 정치(摂関政治)'가 행해지기 시작한다. '셋칸 정치'란 태정대신(太政大臣)이라는 최고직의 관위 위에 셋쇼(摂政)와 간파쿠(関白), 즉 셋칸(摂関)이라 불리는 직위를 따로 두어 이들이 정무의 실권을 장악한 정치 형태를 말한다. 일본에서는 헤이안 시대 후지와라 가문(藤原家)이 천황의 외척으로 셋칸의 지위를 독점하였다. 이 정치 체제는 967년 어리고 병약한 레이제이 천황(冷泉帝)이 즉위하자, 후지와라 사네요리(藤原実頼)가 간파쿠가 된 이후, 고정화되어 갔는데, 이와 같은 변형적인 정치 체제하에서 귀족 사회의 소비 문화, 국풍 문화가 발전해 갔다. 특히 《겐지모노가타리》가 쓰여진 이치조 천황 시기는 이 셋칸 정치가 정점에 달한 시기라 할 수 있다.

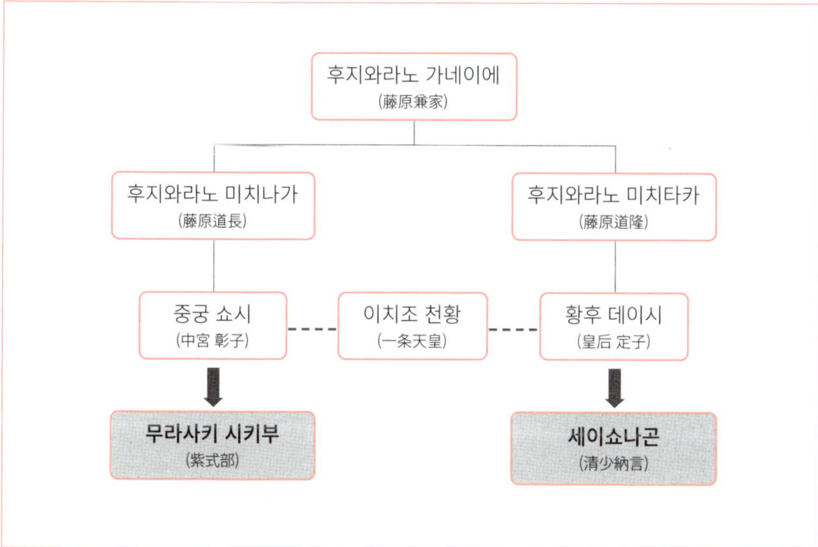

[그림 1] 이치조 천황(一条天皇) 시기 셋칸(摂関)과 후궁 관계도

이치조 천황 시기에는 후지와라노 미치타카(藤原道隆)의 장녀인 후지와라노 데이시(藤原定子)가 990년 후궁으로 입궐하여 바로 황후에 책봉되고 이후 999년 입궁한 미치나가의 장녀인 쇼시가 1000년 중궁으로 봉해지면서 일본 역사상 최초로 한 천황의 재위 기간에 두 황후가 존립하게 된다. 이와 같이, 후지와라 가문 일족끼리 천황의 외척으로 권력을 잡으려고 경쟁하는 가운데, 당시 거의 동시대에 데이시 살롱에는《마쿠라노소시(枕草子)》의 작자인 세이쇼나곤(清少納言)이, 쇼시의 살롱에는 무라사키 시키부가 문필가로 활약하게 된다. 궁중에서 이들 여관들이 문학의 담당자로서 안정적으

로 집필 활동을 할 수 있었던 것은 이와 같은 시대 상황하에 정치적 후원과 밀접하게 연관되어 있다고 할 수 있다.

이와 같은 문화사적 흐름과 정치 상황 속에서 무라사키 시키부라는 한 여성이 쓴《겐지모노가타리》라는 장편 모노가타리 작품이 탄생하게 된 것이다.

2 작품의 구성과 내용

그렇다면《겐지모노가타리》란 작품은 어떠한 내용으로 구성되어 있을까. 전 54권이라고 하는 방대한 분량인 이 작품에는 주인공 히카루 겐지(光源氏)를 비롯하여 주인공으로 500여 명의 인물이 등장, 70여 년간에 걸친 긴 시간의 흐름 속에서 벌어지는 수많은 사건들로 구성되어 있다. 800여 수의 와카(和歌)와 더불어 많은 인용과 전거(典拠)가 그 깊이를 더해주고 있다. 본 작품은 주인공에 따라 히카루 겐지의 생애를 그린 정편(正編)과 그 후손인 가오루(薫)·니오우노미야(匂宮)를 중심으로 한 속편(續編)으로 구분된다. 또한, 내용 전개에 따라 정편을 1부와 2부로 나누고 속편을 3부라 칭하는 3부 분류법이 일반적으로 사용되고 있다. 정편의 1부는 겐지의 젊은 시절을, 2

표 2_**《겐지모노가타리》 분류법에 의한 각 권 범위**

정/속편	3부 분류법	범위
정편	제1부	1권 <기리쓰보 권(桐壺巻)> ~ 33권 <등나무속잎 권(藤裏葉巻)>
	제2부	34권 <봄나물 상권(若菜上巻)> ~ 41권 <환상 권(幻巻)>
속편	제3부	42권 <니오우효부쿄 권(匂兵部卿巻)> ~ 54권 <꿈의 부교 권(夢浮橋巻)>

부는 겐지의 중년에서 말년까지를 다루고 있으며 속편인 3부는 겐지의 사후 그 후손들의 이야기가 펼쳐지고 있다. 각 구분에 해당되는 권은 〈표 2〉와 같다.

이 장에서는 3부로 나누어 주요 인물도를 중심으로 각각의 줄거리를 간략하게 살펴보고자 한다.

2.1

제1부 이야기

1부는 히카루 겐지 출생 전 이야기로부터 출발하여 그가 젊은 시절 연애 편력을 거쳐 훗날 준태상천황(准太上天皇)에 오르기까지 인생의 여정이 속도감 있게 전개된다.

기리쓰보 천황(桐壺帝)의 시대, 천황은 유력한 세력가의 딸이자 제 1황자(훗날 스자쿠 천황朱雀帝)의 보우인 고키덴노 뇨고(弘徽殿女御)를 비롯한 많은 후궁들을 제치고 한 여성만을 총애하게 된다. 그녀가 이 이야기의 주인공인 히카루 겐지의 어머니, 기리쓰보 고이(桐壺更衣)이다. 일찍이 어머니를 여읜 겐지는 성인식을 치르던 날, 좌대신의 딸인 아오이노우에(葵上)와 혼인을 하게 되고 겐지라는 성을 하사받아 황족에서 신적(臣籍)의 신분이 된다.

한편, 기리쓰보 천황은 기리쓰보 고이를 잊지 못하고 그녀와 똑 닮은 선황의 황녀, 후지쓰보(藤壺)를 후비(後妃)로 맞이한다. 겐지는 어머니를 닮은 후지쓰보를 연모하게 되지만, 이룰 수 없는 사랑에 여러 여성들과 연애 편력을 이어가게 된다. 이후, 겐지는 후지쓰보의 침소에 침입하여 하룻밤을 보내게 되고 이 허락되지 않은 밀통으로 둘 사이에 아이(훗날 레이제이 천황冷泉帝)

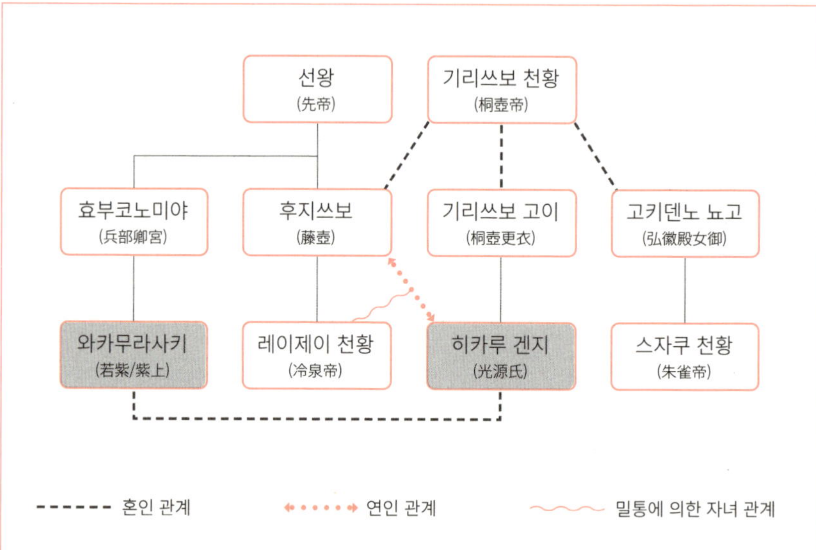

[그림 2] 《겐지모노가타리》 제1부 주요 인물 관계도

가 생겨난다. 이후 후지쓰보는 겐지를 멀리하게 되고 이에 상심한 겐지는 기타야마(北山)에서 후지쓰보를 똑 닮은 소녀, 와카무라사키(若紫, 실은 후지쓰보의 조카)를 발견하게 되고 그녀의 후견인이 된다. 그녀가 바로 훗날 겐지의 가장 사랑하는 여인이자 이 이야기의 여주인공이 되는 무라사키노우에(紫上)이다.

신적의 신분이 된 겐지는 아버지의 사후 정치적 어려움을 겪지만, 이후 레이제이 천황의 시대가 되자, 거대한 저택인 로쿠조인(六条院)을 조성하고 정계에서 확고한 세력을 구축하게 된다. 이 무렵 레이제이 천황은 자신의 실부(実父)가 기리쓰보 천황이 아니라, 겐지라는 사실을 알게 되고 겐지를 준태상천황에 봉하게 된다. 이와 같이, 1부는 황자에서 신하가 된 겐지가 준태상천황이 되어 권력의 정점에 오르는 데서 막을 내리고 있다.

2.2

제2부 이야기

2부는 중년의 겐지가 온나산노미야(女三宮)와의 결혼 이후, 자신의 숙명을 자각하고 고뇌하는 이야기가 주된 내용으로 특히, 각 인물들의 심리묘사가 돋보이는 부분이다.

이야기는 겐지가 이복형 스자쿠 상황(朱雀院)의 딸인 온나산노미야(女三宮)를 새로이 정처로 맞이하는 데서 시작된다. 이는 지금까지 로쿠조인의 여주인이자 겐지의 반려자이던 무라사키노우에에게 커다란 심적 타격을 주는 사건이었다.

한편 온나산노미야를 흠모해 왔던 가시와기(柏木)가 온나산노미야의 침소에 잠입하여 그녀를 범하게 되고, 이후 온나산노미야는 가오루를 출산하게 된다. 세간에서는 가오루를 겐지의 아들로 대우하지만, 겐지는 이 둘의 관계를 눈치채게 되고 아버지인 기리쓰보 천황과 똑같은 처지가 된 자신의 얄궂은 숙명을 절감한다. 국보《겐지모노가타리에마키(源氏物語絵巻)》〈가시와기3〉 그림에는 바로 겐지가 가오루를 안고 자신의 과거와 숙명을 떠올리는 장면이 회화화되어 있다. 이와 같이 2부에서는 죄와 숙명의 문제를 정면에서 다루며 다양한 인간들의 모습을 그려내고 있다.

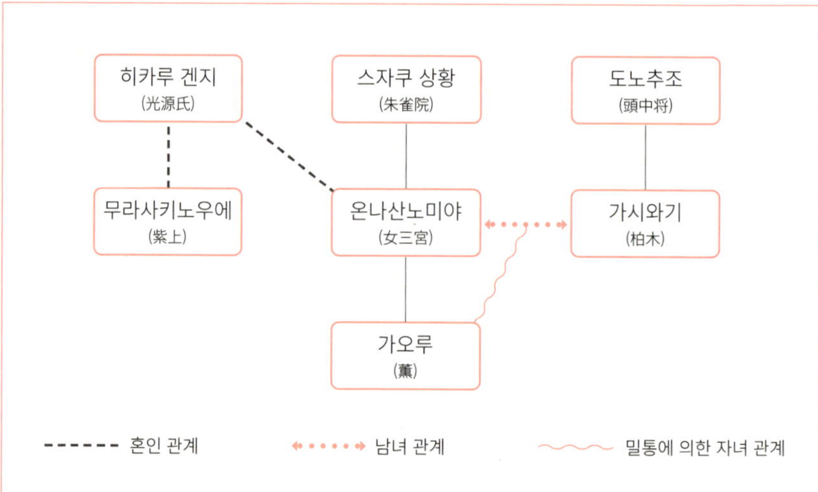

[그림 3]《겐지모노가타리》 제2부 주요 인물 관계도

2.3

제3부 이야기

3부는 히카루 겐지의 사후 그 후일담으로, 그의 후손인 가오루와 니오우노미야, 그리고 하치노미야(八宮)의 세 딸들을 남녀 주인공으로 하여 사랑 이야기가 펼쳐진다.

3부에서는 이야기의 무대로 새로이 우지(宇治)가 등장, 도읍과 우지가 교차되며 이야기가 전개된다. 가오루는 우지에서 세속과 등지고 불도에 정진하던 하치노미야와 친교를 이어가던 중 우지에서 하치노미야의 딸인 큰 아씨(大君), 작은 아씨(中君)를 우연히 엿보게 되고 사랑에 빠진다. 가오루는 작은 아씨를 니오우노미야에게 소개해 주고 본인은 큰 아씨에게 고백을 하지만, 큰 아씨는 이를 거절하고 대신 동생과 맺어주려 한다. 이후, 니오우노미야는 작은 아씨를 도읍으로 맞이하게 되고 가오루는 큰 아씨의 사후 작은 아씨에게 끌리게 된다. 이에 작은 아씨는 이복동생인 우키후네(浮舟)를 가오루에게 소개해 주는데, 니오우노미야가 다시 우키후네에게 접근하게 되면서 남녀 주인공들의 삼각관계가 형성된다. 두 남성 사이에서 번민하다 우키후네는 자취를 감춰버리고 이후 실종된 우키후네가 오노(小野) 산장에 살아있다는 사실을 알게 된 가오루는 우키후네에게 다시 편지를 보내 관계를 이어가려 한다. 하지만 우키후네는 이에 응하지 않고 속세와 인연을 끊으려 하는 데서 《겐지모노가타리》는 막을 내린다. 이와 같이 1, 2부가 히카루 겐지라는 남주인공에 집중되어 있던 것에 비해 3부는 가오

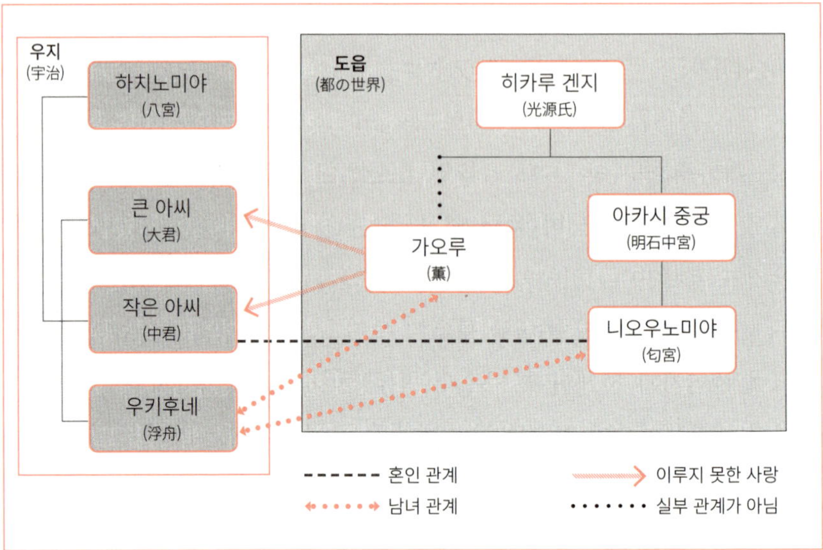

[그림 4] 《겐지모노가타리》 제3부 주요인물 관계도

루와 니오우노미야라고 하는 두 남자 주인공이 등장, 복수의 여주인공과 엇갈리는 사랑의 양상을 그려내고 있다.

3 주제와 특성

3.1 작품의 주제

그렇다면 이와 같이 방대하고 다양한 인간 군상을 그려내고 있는 작품, 《겐지모노가타리》의 주제는 어떻게 파악되어 왔을까. 종래 이 작품 주제로 다양한 테마가 제시되어져 왔는데, 그중 대표적인 내용을 살펴보도록 하겠다.

왕권론(王権論)

《겐지모노가타리》의 주제를 '왕권론(王権論)'으로 보는 입장은 히카루 겐지가 황자의 신분에서 신적으로 내려가 왕권을 상실한 후, 이를 다시 회복하는 이야기가 본 작품의 골격, 테마라고 보는 것이다. 겐지가 준태상천황의 자리에 올라 왕권을 되찾는 과정이 후지쓰보와 밀통에 의한 아들, 레이제이 천황에 의한 것으로 종래 '왕권론'은 죄와 숙명의 문제와 표리일체(表裏一體)를 이루는 것으로 여겨져 왔다. 특히, 《겐지모노가타리》의 경우, 왕권론의 입장에서, 1부는 히카루 겐지의 왕권(王権)과 숙명(宿命), 2부는 죄(罪)와 고뇌(憂愁), 3부는 종교(宗教)와 구제(救済)와 같이 각각의 주제로 심화, 발전되어 갔다고 파악된다.

특히 작품 전면에 등장하는 남녀 간의 사랑 이야기도 겐지의 '이로고노미(色好み)'라는 성격으로 해석된다. '이로고노미'란 단순히 호색(好色)을 뜻한다기보다 연애의 정서를 이해하고 세련된 정취를 느끼는 것으로, 이는 고대 제왕(古代帝王)이 갖추어야 할 이상적(理想的) 덕목으로 파악되었다. 즉, 이러한 '이로고노미'는 히카루 겐지의 잠재왕권(潜在王権)을 가능케 한 주요한 요인이며 이러한 성격이 겐지의 인물조형에 반영되었다고 보는 것이다.

연애, 사랑 이야기

두 번째로는《겐지모노가타리》의 주제를 사랑과 연애 이야기로 보는 입장이다. 이는 본 작품을 남성의 이야기(男の物語)로 파악하는'왕권론'의 관점이 아닌, 여성론적 입장에서 여성의 이야기(女の物語), 사랑 이야기(愛の物語)를 중시하는 시각이다. 본 작품 전반부에는 우쓰세미(空蝉), 유가오(夕顔), 와카무라사키, 스에쓰무하나(末摘花), 아오이노우에(葵上), 하나치루사토(花散里)와 같이, 여러 여성들이 등장하며 겐지와의 만남이 그려지고 있는데, 작품 내에서 이 여성들의 이름이 그대로 권명(巻名)으로 사용되어 있듯이, 그녀들은 작품 전개에 중요한 역할을 담당하고 있다. 즉, 이와 같이 겐지와 관계하는 여러 여성들의 다각적인 묘사를 통해 당시 엄격한 신분 체제하에서 여성들의 삶과 사랑을 그려내려 한 것이 이 작품의 원래 테마라는 것이다. 이와 같은 시각에서 속편 후반부에 등장하는 여주인공 격인 우키후네

가 남성이 주도하는 비극적 운명에서 벗어나 자아를 찾아가는 내용이 원래 여성 작자 무라사키 시키부가 그려내고 싶어 하는 여성상이며 본 작품의 메시지라 파악되고 있다.

모노노아와레론(もののあはれ論)

마지막으로《겐지모노가타리》의 주제로 에도 시대(江戸時代) 중기 국학자인 모토오리 노리나가(本居宣長, 1730-1801)가 주창한 '모노노아와레(もののあはれ)'를 들 수 있다. 모토오리 노리나가는《겐지모노가타리》를 유교, 불교 등의 도덕적 잣대로 논하던 종래의 방식에서 벗어나 일본 고유한 인간의 정취와 정(情)을 중시하는 관점을 중시하는 '모노노아와레'가 바로 이 작품의 주제이자 본질적인 미의식이라 주창하였다. 이와 같은 모토오리의 '모노노아와레론(もののあはれ論)'은 이후《겐지모노가타리》의 미의식으로 널리 수용되어 본 작품이 일본인의 심성을 대표하는 고전으로 자리매김하는 데 커다란 역할을 하게 된다.

3.2

작품의 특성

다음으로《겐지모노가타리》첫 문장을 해석해 보고 다른 헤이안 시대 모노가타리 작품의 서두 부분과의 비교를 통해 본 작품의 특성에 관해 생각해 보고자 한다.

《겐지모노가타리》 서두

어느 임금의 치세였는지(いづれの御時にか) 뇨고(女御, 황후나 중궁 다음가는 후궁), 고이(更衣, 뇨고 다음가는 직위)와 같은 후궁들이 궁중에 많이 계시던 중에 매우 높은 신분은 아니었지만, 각별히 ① **임금**의 ② **총애를 받던 여인**이 계셨다.

본 작품은 겐지 부모의 소개로부터 시작하고 있다. 첫 문장에서 ① 임금은 겐지의 아버지인 기리쓰보 천황을 지칭하며, ② 임금의 총애를 받던 여인은 겐지의 어머니인 기리쓰보 고이를 가리킨다. 이와 같이 《겐지모노가타리》는 "어느 임금의 치세였는지" 모르는 시대를 설정하여, 두 남녀의 만남에서부터 이야기를 출발시키고 있는 것이다. 지금 읽어보면 그다지 특이할 것이 없어 보이는 이 설정은 당시에는 매우 독창적인 문구라 할 수 있다. 이는 《겐지모노가타리》 이전의 모노가타리 첫 문장들과 비교해 보면 더욱 확실해진다.

헤이안 시대 모노가타리 작품 서두

- **지금은 옛날**(今は昔), 다케토리 할아범이란 사람이 살고 있었다. — 《다케토리모노가타리(竹取物語)》
- **옛날에**(昔) 한 남성이 성인식을 마치고 나라의 도읍 가쓰가 마을에

아는 연고가 있어 사냥을 하러 들르게 되었다. —《이세모노가타리(伊勢物語)》

- **옛날에**(昔) 사내 두 명이 한 여성에게 구애하고 있었다. —《헤이추모노가타리(平中物語)》
- **옛날에**(昔) 시키부다이후와 사다이벤, 두 개의 관직을 겸하던 기요하라라는 황족이 계셨다. —《우쓰호모노가타리(宇津保物語)》
- **지금은 옛날**(今は昔), 추나곤으로 많은 딸을 지니던 분이 살고 계셨다. —《오치쿠보모노가타리(落窪物語)》

위 예들을 보면《겐지모노가타리》이전의 작품들 대다수는 "옛날에(昔)", 혹은 "지금은 옛날(今の昔)"이라는 문구로 시작하고 있어 지금은 이미 옛날이 되어버린 시대의 이야기를 옆에서 들려주는 것과 같은 느낌을 자아낸다. 원래 모노가타리(物語)란 단어 자체가 "이야기하다"란 의미를 지닌 동사, 모노가타루(物語る)의 명사형에서 비롯된 용어로, 모노가타리의 서두 부분이 이와 같은 전형적인 패턴으로 시작하고 있는 것은 모노가타리 원래 성격과도 밀접하게 관련되어 있다고 볼 수 있다.

이에 비해《겐지모노가타리》의 경우, "어느 임금의 치세였는지(いづれの御時にか)"와 같이, 막연한 옛날이 아닌 마치 실록(実録)과 같이 특정한 시대를 설정하여 이야기를 전개시키고자 하고 있는 것이다(神作光一 1998, 26). 그러면서도 어느 임금인지 특정한 인물명은 제시하고 있지 않아 포괄적인 의미성도 동시에 함축하고 있다.

그렇다면 이 《겐지모노가타리》 서두 부분에서 말하는 "어느 임금의 치세"란 역사상 언제를 지칭하는 것일까.

《겐지모노가타리》 첫 권인 〈기리쓰보 권(桐壺巻)〉에는 고려(高麗, 한반도의 발해로 보여짐)에서 온 관상가가 히카루 겐지의 장래를 점치는 장면이 등장한다. 여기서 외국인을 궁중에 들어서는 안 된다는 고 우다 천황(故宇多天皇)의 규정 때문에 홍로관(鴻臚館)에서 만나는 것으로 기술되고 있어, 본 작품의 시대 배경을 우다 천황 직후로 설정하고 있음을 알 수 있다. 또한 〈에아와세 권(絵合巻)〉에서 묘사된 그림경연(絵合) 행사에 관한 기술을 보면, 960년 무라카미 천황(村上天皇) 때 궁중에서 행한 와카 경연(天徳四年内裏歌合)에 관한 역사적 문헌과 거의 일치한다. 이상과 같은 근거로 현재 본 작품의 시대 설정을 《겐지모노가타리》가 제작된 이치조 천황 시기보다 전 시대인 다이고 천황(醍醐天皇, 재위 897-930), 스자쿠 천황(朱雀天皇, 재위 930-946), 무라카미 천황(재위 946-967)의 재위 기간인 10세기 후반으로 보고 있다.

다이고 천황, 무라카미 천황은 역사상 성군(聖君)으로 알려진 인물들로, 셋칸을 두지 않고 직접 정치를 행한 것으로 유명하다. 이 시기는 엔기 정치(延喜の治), 덴랴쿠 정치(天暦の治)라 불리며 후대에 이상적인 시대로 칭송받던 때였다. 무라사키 시키부는 미치나가를 중심으로 한 셋칸 정치가 정점에 달했던 11세기 초 그의 후원하에 《겐지모노가타리》를 집필하면서 이와 같은 천황 중심의 시기를 시대 배경으로 황족을 주인공으로 한 이야기를 전개시켰다는 사실은 아이러니컬한 일이 아닐 수 없다. 실제로 《겐지모노가타리》 작품 내에서 후지와라 씨는 겐지와의 권력 경쟁에서 번번이 실패

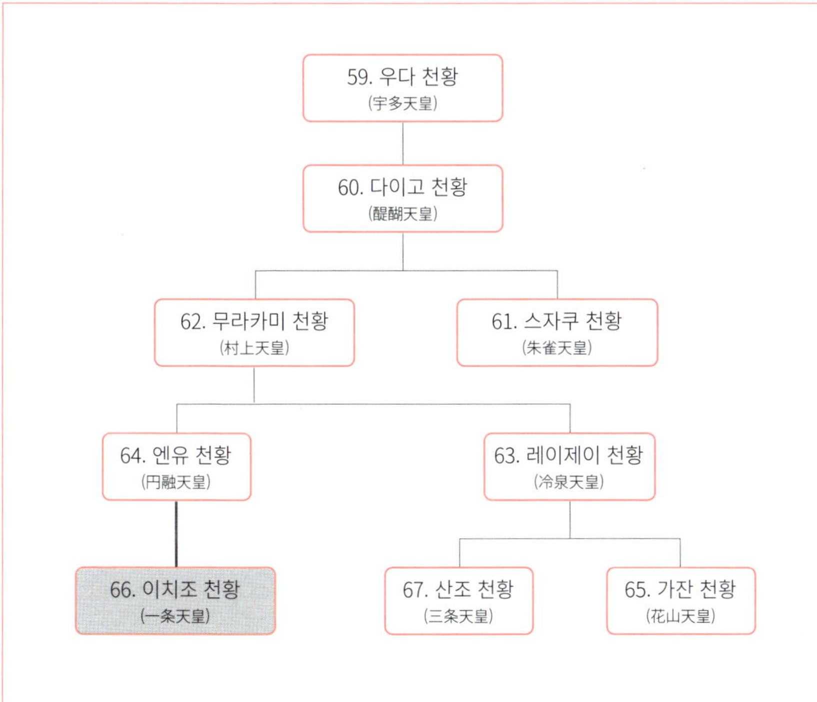

[그림 5] 10-11세기 일본 천황 계보도

하는 모습으로 등장한다.

《겐지모노가타리》가 이후 고전문학의 정수로서, 또한 옛 왕조문화의 규범으로 존중받고 지배층의 보호를 받을 수 있었던 데에는 이와 같은 작품의 시대 배경과도 깊은 관련이 있다고 보아진다.

4 과거와 현재, 그리고 미래

《겐지모노가타리》는 당시부터 현재에 이르기까지 많은 이들에게 애독되며 일본의 대표적인 고전 소설로서의 위치를 고수해 오고 있다.

이 작품은 무라사키 시키부가 집필했던 헤이안 시대부터 세간의 뜨거운 관심을 받아 남성 귀족들도 무라사키 시키부에게 다음 연재가 언제 나오는지 물으러 왔으며 중궁 쇼시는 첫 황자(아쓰히라 친왕敦成親王, 이후 고이치조 천황小一条天皇)를 출산한 선물로 신작 《겐지모노가타리》 사본을 원할 정도였다. 이에 후지와라노 미치나가는 이를 호화본으로 제작하여 헌상했다고 한다. 이는 단순히 여성의 오락거리였던 가나문자로 쓰여진 모노가타리가 왕실에 의해 권위가 부여된 사건으로, 미타무라 마사코(三田村雅子)는 모노가타리가 정전으로서 지위를 획득한 최초의 사례라 의미를 부여하고 있다(三田村雅子 2008a, 14).

일본에서는 이 작품이 탄생한 지 천 년을 기념하여 2008년 11월 1일을 '고전의 날(古典の日)'로 제정하고 '고전의 날 선언'을 발표하였는데, 그 선언 내용은 "《겐지모노가타리》는 일본의 고전이며 세계의 고전이다(源氏物語は日本の古典であり, 世界の古典である)"라는 문구로 시작된다. 또한, 그 선언 주체가 '겐지모노가타리 천년기 위원회(源氏物語千年紀委員会)'와 '겐지모노가타리 천년기 발기인(源氏物語千年紀よびかけ人)'으로 되어있는 것으로 보아 일본 고전을

대표하는《겐지모노가타리》의 위상을 짐작할 수 있다. 현재에는 일본뿐만 아니라 세계 약 20여 개국 언어로 번역, 소개되고 있어 명실상부 '세계문학'으로 자리잡고 있음을 알 수 있다.

이와 같이, 현재 여성에 의한 최초의 장편소설이라 일본이 자랑하는《겐지모노가타리》는 현재 대다수 중고등학교 교과서에 수록되어 있으며 문학의 영역에서만이 아니라, 그림, 연극, 영화, 만화 등 각종 미디어의 소재로도 제작되어 다양한 형태로 확산되고 있다. 이번 절에서는《겐지모노가타리》가 탄생한 이후 현대에 이르기까지 어떻게 향수되어 왔는지 몇 가지 사항을 예를 들어 간략하게나마 살펴보고자 한다.

4.1

서책과 문학 연구

현재 무라사키 시키부가 직접 쓴《겐지모노가타리》필사본, 원본은 존재하지 않는 가운데, 그 이후에 쓰여진 수많은 사본, 판본이 현존해 있다. 이 작품은 헤이안 시대 귀족 여성들이 갖고 싶어 하는 소장품이었으며, 근세에 이르기까지 혼수 때 지참하는 호화로운 요메이리본(嫁入り本)으로 애장되었다.

본 작품의 연구는 중세 남성 학자들에 의해 본격화되었다고 할 수 있다. 헤이안 시대 말 최초의 주석서라 일컬어지는《겐지샤쿠(源氏釈)》(후지와라노 고레유키藤原伊行 저술)가 나온 이래, 사본 및 주석 연구가 행해져 현재까지 방대한

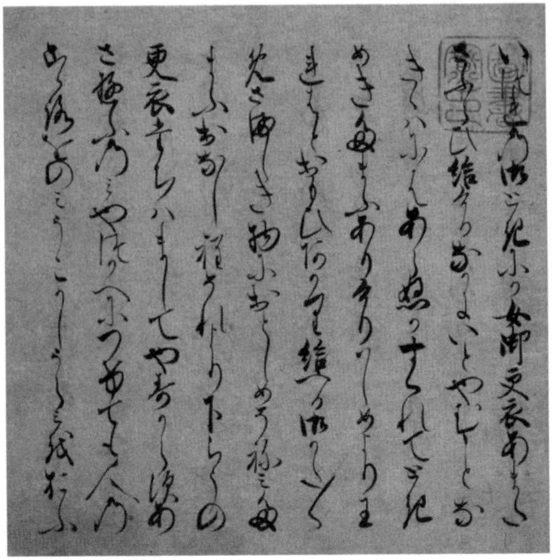

《겐지모노가타리(源氏物語)》
무로마치 시대(室町時代)
아오뵤시본(青表紙本)

연구 성과가 축적되어 있다. 한편, 중세부터 민간에서는 요약본이나 그림책의 형태로 보급되기 시작하였는데, 《겐지모노가타리》에 대한 독자들의 관심은 후속작이나 번안 작품의 제작으로도 이어졌다. 가오루와 우키후네의 재회를 그린 후속작 《산길위 이슬(山路の露)》(작자미상)이 가마쿠라 시대에 만들어졌으며, 에도 시대에는 《니세무라사키 이나카겐지(偐紫田舎源氏)》(류테이다네히코柳亭種彦 작, 우타가와 구니사다歌川国貞 그림)와 같이 《겐지모노가타리》를 통속적으로 번안한 소설이 유행하기도 하였다.

근대 이후에는 요사노 아키코(与謝野晶子), 다니자키 준이치로(谷崎潤一郎)와 같은 작가들에 의해 고전어의 현대어 번역이 행해지기 시작하였다. 많은 교정본(校訂本)과 더불어 주석, 해설, 현대어역을 겸한 전집류, 문고판 등이 출판되었으며, 번안작품이나 2차 창작 등도 활발히 진행 중이다.

게다가 근대 이후 계속 발굴되어지는《겐지모노가타리》사본이나 단간은《겐지모노가타리》의 지속적 연구에 밑거름이 되고 있다. 메이지유신(明治維新) 이후《겐지모노가타리에마키》의 그림설명문 단간(断簡)〈스에쓰무하나(末摘花)〉,〈솔바람(松風)〉,〈엷은 구름(薄雲)〉,〈가시와기(柏木)〉4점이 발견되었고, 1945년 이후〈와카무라사키(若紫)〉,〈소녀(少女)〉,〈반딧불이(蛍)〉,〈패랭이꽃(常夏)〉4점이 발굴되었다. 또한 최근에는 2019년 도쿄(東京)에서 후지와라 데이카(藤原定家)의《겐지모노가타리》사본이 발견되어 신문과 미디어에 보도되면서 관심을 받은 바 있다. 이와 같은《겐지모노가타리》연구는 현재에도 진행 중이다.

4.2

그림과 복원 작업

《겐지모노가타리》는 원 작품이 탄생한 지 1세기 반 이후 헤이안 시대 말기에 그림으로 회화화된 작품이 등장한다. 이것이 국보《겐지모노가타리에마키》이다. 이 작품은 시라카와 상황(白河院)과 여원(女院)을 중심으로 한 황실과 귀족의 주도하에 대규모 화가, 서예가 등이 동원되어 제작되었을 것으로 추정된다. 국보《겐지모노가타리에마키》는 현존하는 '겐지에(源氏絵)' 작품 중 가장 오래되고 빼어난 작품으로 평가받고 있다. '겐지에'란《겐지모노가타리》를 소재로 그린 그림들을 일컫는 말로, 국보《겐지모노가타리에마키》 이후에도 수많은 '겐지에'가 존재하며 현재 일본 회화사에 중요한 장르를 차지하고 있다.

특히 국보《겐지모노가타리에마키》는 근대에 이르러 일반인에게 공개되면서 그 작품 보존을 위한 여러 복원 모사 작업들이 행해지게 되었다. 대표적인 것으로 1999년부터 2005년에 걸쳐 추진된 '겐지모노가타리에마키 전권 복원 프로젝트'를 들 수 있다. 하야시 이사오(林功)를 비롯한 여러 화가들이 참여한 이 대규모 복원작업에는 도쿄 국립문화재연구소(東京国立文化財研究所)의 형광X선 분석 장치가 사용되어 정밀성을 기하였으며, 그 복원작업 전 과정이 NHK 〈소생되는 겐지모노가타리에마키(よみがえる源氏物語絵巻)〉으로 제작되어 방송되는 등 미디어 매체를 통해 일반인의 관심을 환기시켰다. 현재 일본 2000엔 지폐 후면에는 국보《겐지모노가타리에마키》〈스즈무시 2(鈴虫二)〉의 그림 장면 일부분이 무라사키 시키부 초상(일부)과 함께 실려있어《겐지모노가타리》와 그 그림이 현대 일본 문화의 상징적 코드로 자리매김하고 있는 양상을 엿볼 수 있다.

4.3

연극, 만화 등 미디어 제작

《겐지모노가타리》는 일찍이 중세 노(能), 가부키(歌舞伎), 조루리(浄瑠璃)와 같은 전통 예능의 소재로도 활용되어 왔다. 현존하는 요쿄쿠(謡曲, 노의 대본) 235곡(曲) 중에는 〈유가오〉, 〈아오이노우에〉, 〈스마겐지(須磨源氏)〉와 같이《겐지모노가타리》를 소재로 한 10여 곡이 포함되어 있다. 이는 단순히 소재로서만이 아니라,《겐지모노가타리》의 본문 일부나 와카가 직접 수록되어 있어《겐지모노가타리》를 소재로 활용한 전형적인 예를 보여주고 있다.

이와 같은《겐지모노가타리》의 2차 창작은 현대 무대공연에서도 여전히 계승되고 있는데, 그중 대표적인 예로 근대부터《겐지모노가타리》를 공연한 다카라즈카 가극단(宝塚歌劇団)의 활동을 손꼽을 수 있다. 1919년 처음으로〈겐지모노가타리 비쭈기나무 권(源氏物語 賢木の巻)〉무대를 올린 이래, 여러 연출가들이 수많은 종류의《겐지모노가타리》뮤지컬을 제작해 왔다. 근년의 작품으로는 시바타 유키히로(柴田侑宏)의〈신겐지모노가타리(新源氏物語)〉(1981년, 1989년, 2015년 공연)와 구사노 아키라(草野旦)의〈겐지모노가타리 아사키유메미시(源氏物語 あさきゆめみし)〉(2000년 공연, 2001년 전국투어)를 들 수 있다. 전자는《겐지모노가타리》를 번안한 다나베 세이코(田辺聖子)의 소설을 원작으로 하고 있으며, 후자는 야마토 와키(大和和紀)의 만화《아사키유메미시》를 원작으로 뮤지컬화한 것이다.

만화《아사키유메미시》는 1979년부터 1993년에 걸쳐 월간지《mimi》(이후《mimi Excellent》)에 연재된 이후 고단샤(講談社)에서 단행본(전 13권)으로 출간된 작품이다. 이후 대형판(大型版), 문고판(文庫版), 완전판(完全版) 등으로 출간된 베스트셀러로 학습서나 연극, 영화, 고전연구에도 활용되는 등 큰 반향을 일으켰다.

이외에도《겐지모노가타리》는 영화, 드라마, 라디오 드라마, TV애니메이션 등 다양한 미디어 형태로 제작되며 현재 고전문화의 대표적인 콘텐

츠로 이어져 오고 있다.

4.4

세이가이하(青海波)—왕조문화, 전통문화의 계승

마지막으로 '세이가이하(青海波)'라는 무악(舞楽)을 소개하고자 한다.

'세이가이하'는 《겐지모노가타리》 〈단풍놀이 권(紅葉賀巻)〉에서 겐지와 도노추조(頭中将)가 춘 춤사위로 인상 깊게 묘사되어 있다. 이는 원래 궁중 축하연에서 행해지던 아악(雅楽)의 일종으로, 화려한 의복을 착장한 춤꾼 2명과, 가이시로(垣代)라 불리는 악기 연주자 40명이 무대에 등장하는 대규모 행사였다. 이처럼 다수의 인원이 동원되는 이 무악은 무라카미 천황 이후 중단되어 오랫동안 행해지지 않게 된다. 따라서 《겐지모노가타리》에 등장하는 '세이가이하'는 실제로 이 작품이 쓰여진 이치조 천황 시대에는 행해지지 않았던 무악인 것이다.

그러다가 1102년 호리카와 천황(堀川天皇)이 주최한 아버지 시라카와 상황(白河院)의 오십 세 생신축하연(五十賀)에서 다시 행해지게 된다. 주목할 점은 이때 《겐지모노가타리》의 기술에 의거하는 방식으로 '세이가이하'가 복원되었다는 점이다. 이는 왕실 행사에 《겐지모노가타리》가 왕권 의례의 공적인 준거(準拠)로 사용되게 된 것으로 '세이가이하'는 그 이후에도 도바상황(鳥羽院), 고시라카와 상황(後白河院) 때 궁중 축하연에도 상연되었으며 이는 현재 천황의 즉위식에까지 이어지고 있다(三田村雅子 2008b, 87). 이와 같이

《겐지모노가타리》의 본문 내용이 왕조문화의 규범으로 여겨지며, 무형의 왕조문화, 전통문화를 유지, 계승하는 데에도 일익을 담당해 왔음을 알 수 있다.

현대에도《겐지모노가타리》는 앞서 언급한 문학, 회화, 예능, 미디어 등의 분야를 넘어 향(香), 다도(茶道), 꽃꽂이(生け花), 일본 과자(和果子), 미술공예 등 다양한 생활 문화에 스며들어 있다. 이와 같이 과거와 이어져 있는《겐지모노가타리》의 현재 모습은 앞으로 우리 고전작품의 미래를 생각할 때 시사해 주는 바가 크다 할 수 있다.

참고 문헌

- 김수미. 《국보 《겐지모노가타리에마키(源氏物語絵巻)》—일본고전문학을 그림으로 읽다》. 고려대학교출판문화원, 2020.
- 神作光一. 《源氏物語の鑑賞と基礎知識①桐壺》. 至文堂, 1998.
- 三田村雅子. 《記憶の中の源氏物語》. 新潮社, 2008.
- 三田村雅子.《源氏物語 天皇になれなかった皇子のものがたり》. 新潮社, 2008.

더 읽어보기

《겐지모노가타리》 완역 번역본

무라사키 시키부.

《겐지(源氏) 이야기》. 상·하. 유정 옮김. 세계문학전집4-5권. 을유문화사, 1975.

《겐지이야기》. 전 3권. 전용신 옮김. 나남출판사, 1999.

《겐지이야기》. 전 10권. 김난주 옮김. 한길사, 2007.

《겐지 모노가타리》. 1-2권. 이미숙 옮김. 서울대학교출판문화원, 2014-2017. (출간 중)

《겐지 모노가타리》. 전 7권. 이승웅 옮김. 다산글방, 2020-2021.

참고 도서

김수미. 《국보 《겐지모노가타리에마키(源氏物語絵巻)》—일본고전문학을 그림으로 읽다》.

고려대학교출판문화원, 2020.

이 책은 한국에서 처음 겐지 그림을 소개한 책으로 현존하는 《겐지모노가타리에마키》의 그림과 글을 모두 수록, 설명해 놓고 있다.

김수희. 《겐지 모노가타리 문화론》. 문, 2008.

이 책은 《겐지모노가타리》 작품과 시대의 향수를 다룬 책으로 특히, 근현대에 있어 문화적 측면에서 고전문학 작품과의 관계성을 상세히 언급하고 있다.

김종덕. 《겐지 이야기의 전승과 작의》. 제이앤씨, 2014.

이 책은 《겐지모노가타리》 이야기의 형태가 어떻게 전승되어 재탄생되고 있는지를 다룬 책으로, 작품의 주제와 미의식 측면에서 저자의 축적된 연구 성과가 집약되어 있다.

이미령. 《겐지 모노가타리—불교적 세계관 연구》. 인문사, 2012.

이 책은 《겐지모노가타리》의 사상적 배경 중 하나인 불교와 작품세계와의 관계를 정면에서 다룬 책으로, 인물들의 행위, 불교적 공간 등 작품 내 불교적 요소와 그 세계관을 정확히 파악하는 데 도움이 된다.

이상경. 《겐지모노가타리의 사랑과 자연》. 제이앤씨, 2016.

이 책은 《겐지모노가타리》의 주인공, 겐지와 로쿠조인에 기거하는 4명의 여인을 중심으로 사랑과 자연이라는 일본 고전의 전통적 미의식의 측면에서 그 의미를 조망한 책이다.

이미지 출처

■ 《겐지모노가타리(源氏物語)》 무로마치 시대(室町時代) 아오뵤시본(青表紙本)
일본 궁내청(宮內庁) 서릉부 소장 자료목록 화상공개시스템(書陵部所蔵 資料目録·画像公開システム).

트리스탄과 이졸데

격정과 고통, 사랑과 죽음의 이중주

김준현

1 '끝없는 이야기'의 복잡한 계보를 찾아서

"그들은 오래전에 죽었지만, 그들의 이름은 여전히 살아있으며, 그들의 죽음은 오랫동안 아니 영원히 살아남았다. (…) 우리는 그들의 삶과 죽음을 읽고, 이는 빵보다 더 달콤한 매력을 지니고 있다"고 말했던 고트프리트 폰 슈트라스부르크(Gottfried von Strassburg)의 언급처럼(Béroul 2000, 8), 12세기에 모습을 드러낸 '트리스탄과 이졸데' 이야기는 중세뿐만 아니라 현대에 이르기까지 무수한 이들에게 설명할 길 없는 매혹을 행사했고, 하나의 '신화'가 되어 지금도 우리 곁에 남아있다.

토마(Thomas)가 작품의 한 대목에서 "제후들이여, 이 이야기는 [이 이야기의 버전들은] 무척 다양합니다"(Thomas 2003, 182)라고 강조하듯, 이미 중세부터 여러 작가들은 '트리스탄과 이졸데' 이야기를 '다시 쓰기'의 보고(寶庫)처럼 여겼다. 또 각자의 재능과 상상력을 발휘하고, 저마다의 상이한 주안점을 부여함으로써, 여러 작가들은 이 이야기를 일종의 '끝없는 이야기'처럼 제시하기도 했다. 이러한 특징에서 이미 짐작되듯, '트리스탄과 이졸데' 이야기의 기원(起源)은 불분명하며, 이야기의 역사적인 계보 역시 지극히 복잡한 것이 사실이다.

오늘날의 독자들에게 친숙한 제명이자 두 연인의 이름을 붙인 '트리스탄과 이졸데' 이야기라는 명칭은 후대가 만들어낸 것에 해당한다. 19세기

바그너(Richard Wagner)의 오페라 혹은 조제프 베디에(J. Bédier)의 '다시 쓰기'의 산물이라고 해도 과언이 아닐 이러한 현대적인 제명은 남성 주인공 '트리스탄'의 이름만을 전면에 등장시켰던 중세의 제명과 대조된다. 중세의 경우 지극히 대담하고 용맹한 남성 주인공의 운명이 우선적으로 부각되었다면, 현대인들의 감성은 이 이야기의 요체를 두 연인의 영원한 사랑, 삶뿐만 아니라 죽음에서까지도 항상 한 쌍을 이루는 두 사람의 운명에 두었고, 부지불식간에 이 이야기를 일종의 신화처럼 만들게 된다.

'트리스탄과 이졸데' 이야기와 관련된 가장 오래된 언급은 아마도 1135년경 푸아티에(Poitiers) 지방에서 이루어졌던 것으로 추정된다. 1135년-1350년 사이, 트루바두르(troubadour) 세르카몽(Cercamon)은 자신의 사랑 노래에서 트리스탄을 암묵적으로 암시하며,* 1350년 즈음부터 베르나르 드 방타두르(Bernard de Ventadour), 랭보 도랑주(Raimbaut d'Orange) 등의 남프랑스 트루바두르들 역시 미약의 속박으로 인해 만들어졌던 트리스탄의 사랑과 달리 자신의 사랑은 자유 의지에 의해 만들어진 것임을 강조하면서 그들의 사랑을 노래했다(Baumgartner 2001, 110-111). 이러한 비교는 아서 왕과 원탁의 기사들에 대한 여러 이야기의 저자였던 크레티앵 드 트루아(Chrétien de Troyes)의 다음과 같은 노래에서도 드러난다.

---

* "Non a valor d'aissi enan/cela c'ab dos ni ab tres jai,/et ai! n'encor lo cor tristan/qe Dieus tan falsa non fetz sai;"(*The Poetry of Cercamon and Jaufre Rudel*, ed. George Wolf and Roy Rosenstein, New York & London, Garland, 1983, 56). 아울러 Rita Lejeune, "L'allusion à Tristan chez le troubadour Cercamon," *Romania* 83.2(1962): 183-209를 참조.

결코 나는 물약을 마시지 않았네
트리스탄을 중독시켰던 그것을.
대신 내 신실한 마음과 내 솔직한 의향은
나를 사랑하게 했으니, 트리스탄보다 한층 더. (Chrétien de Troyes 1994, 1220)

한편 1167-1168년경에는 블루아의 영주가 자신의 자식들에게 '트리스타누스(Tristannus)', '이조(Isaut)' 등의 이름을 붙이기도 하며, 13세기 프랑스의 국왕이었던 루이 성왕(Louis IX)의 아들 이름 역시 트리스탄이었다는 점에서 이 전설의 인기를 충분히 짐작해 볼 수 있다. 1160-1180년경에는 프랑스 출신으로 영국에 건너가 헨리 2세의 궁정에서 작품 활동을 했던 것으로 추정되는 여성 시인 마리 드 프랑스(Marie de France)가 단시 〈인동덩굴(Chievrefoil)〉에서 추방된 트리스탄과 이졸데가 잠시 숲에서 재회의 기쁨을 맛보는 일화 하나를 소개한다.

그는 개암나무 가지를 반으로 갈랐다.
그리고 그것을 네모나게 다듬었다.
그는 나무 막대기를 다듬으면서
거기에 자신의 이름을 칼로 적었다.
(…)
그가 그녀에게 써서 남긴
전갈이 전하고자 했던 것은,

다름이 아니라 그가 여기에 오랫동안 있었으니,
기다리고 머물며,
기회를 살피고 알아내고자,
어떻게 하면 그녀를 만나볼 수 있을지를,
왜냐하면 그는 그녀 없이 살 수 없었기에. (Marie de France 1983, 152-153)

1170년경에는 독일의 아일하르트 폰 오베르게(Eilhart von Oberge)의 번안작이 나오며, 1170-1173년경에는 토마의 작품이 만들어진다.

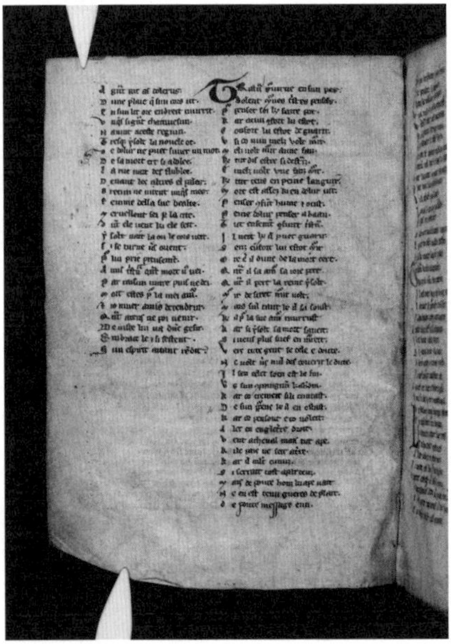

Bodleian Library MS. Douce d. 6 fols. 12v,
토마의 트리스탄(1269-3086행) 단장
시작 부분

토마의 작품은 12,000행을 상회하는 분량의 완전한 이야기였을 것으로 추정되나, 오늘날에는 6개의 필사본 안에 수록된 10개의 단장(斷章)들만 남아 대략 3,300행 정도가 전해지고 있다.

또 1180년경에는 베룰(Béroul)의 이야기가 모습을 드러내며, 이 역시 원래는 완전한 이야기였을 것으로 여겨지나 오늘날에는 유일한 필사본(ms. B. N. 2171)을 통해 시작 부분과 결말을 중심으로 대략 4,500행 정도의 분량이 전해진다. 거의 비슷한 시기에 크레티앵 드 트루아 역시 〈마크 왕과 금발의 이졸데에 대한 책(Livre du roi Marc et d'Yseut la Blonde)〉이라는 작품을 자신이 썼다고 스스로 밝히지만, 오늘날 이 작품은 소실되어 단지 제목만이 전해진다.

12세기 말-13세기 초가 되면, 연인 이졸데의 곁으로 돌아가기 위해 광인(狂人) 흉내를 내는 트리스탄의 일화를 이야기하기에 흔히 '트리스탄의 광기(Folies Tristan)'로 칭해지는 작품이 베른(Berne)과 옥스퍼드(Oxford) 사본으로 전해지며, 1200-1210년경에는 알자스 지방 출신으로 1215년 무렵 사망한 것으로 추정되는 독일의 고트프리트 폰 슈트라스부르크가 토마의 버전에 의거한 대략 2만여 행의 번안작을 남긴다. 다만 이 작품은 트리스탄이 흰 손의 이졸데와 금발의 이졸데 사이에서 감정의 혼란을 겪는 장면에서 끝나며, 결국 미완으로 남겨지게 된다.

한편 1226년경에 작성된 것으로 덴마크 왕(Haakon V)을 위해 만들어진 산문 이야기인 노르웨이의 사가(Saga) 역시 전해지며, 이 이야기는 토마의 작품을 축약하고 번안한 것으로 알려져 있다. 1230년-1235년 사이 산문 트리스탄 이야기가 모습을 드러내게 되며, 이후 13-15세기 동안 여러 작품들이 계속해서 상이한 작가에 의해 작성되게 된다. 13세기 말에는 오늘날 소실된 네덜란드 버전 또한 등장했다고 전해지며, 보다 후대인 1294-1330년에는 영국에서 《트리스탄 경(Sire Tristrem)》이, 1300년경에는 이탈리아에서 《트리스타노(Tristano Riccardiano)》가, 1325년 이후에는 또 다른 이탈리아어 버전이 출현하게 된다.

오늘날의 우리가 알고 있는 '트리스탄과 이졸데' 이야기는 조제프 베디에(Joséph Bédier)라는 19세기 프랑스 연구자가 '학자이자 시인의 입장'에서 현존하는 상당수의 판본들을 종합한 일종의 '재구성 완성판'이다(Bédier 1900, II). 하지만 현대의 독자들에게 친숙한 조제프 베디에가 다시 쓴 이야기와는 달리, 오늘날 전해지는 '트리스탄과 이졸데' 이야기의 중세 버전들, 특히 토마와 베룰의 그것이 이야기의 전부를 이야기하지 않는다는 점에 주목할 필요가 있다. 트리스탄과 이졸데 이야기를 전하는 중세 판본들의 내용은 완전한 것이 아닌 부분적인 것이며 그렇기에 흠결이 있는 일종의 '불구(不具)' 작품에 해당한다.

'트리스탄과 이졸데' 이야기의 경우, 흔히 두 개의 주된 버전을 거론한다는 점 또한 짚어둘 필요가 있다. 하나는 '원형(原型, 공통)판(version commune)'이라 불리며, 다른 하나는 다소 오해의 여지가 있기는 하지만 '궁정판(version courtoise)'이라 칭해진다. 프랑스에서 만들어진 베룰의 판본을 '원형판(공통판)'으로 칭하는 이유는 트리스탄 이야기의 중심 내용에 가깝다고 간주되는 구조와 의미를 갖고 있다는 점을 염두에 둔 것이며, 이러한 계열에는 아일하르트 폰 오베르케의 작품과 '트리스탄의 광기'를 전하는 이야기들이 포함된다. 반면 토마의 판본은 저자의 주안점이 후술할 '궁정풍 사랑'이나 트루바두르들이 추구했던 사랑인 '핀 아모르(fin' amor)' 등에 부합하는 데 있기에 '궁정판'으로 칭해지며, 고트프리트 폰 슈트라스부르크의 작품, 노르웨이 사가 등이 같은 계열에 속하게 된다. 한 가지 흥미로운 사실은 원형판의 경우 트리스탄과 이졸데가 마신 미약의 효과가 3년 혹은 5년 동안만 한시적으로 유지되지만, 궁정판에서는 미약의 효과가 평생 유지되는 것으로 기술된다는 점이며, 바그너를 비롯한 현대적인 감성은 두 연인이 마신 미약을 일생을 바치는 영원한 사랑, 절대적인 사랑의 상징으로 여기곤 했다.

'산문화'된 후속 작품들을 통해 16세기까지도 널리 성행되었던 '트리스탄과 이졸데' 이야기의 매혹은 사실상 오늘날까지도 계속된다고 말할 수 있다. 19세기에는 테니슨(Alfred Tennyson), 스윈번(Algernon Charles Swinburne), 바그너 등이 두 연인의 전설적인 사랑에 관심을 기울였으며, 20세기에는 가브리엘레 단눈치오(Gabrielle d'Annunzio), 토마스 만(Thomas Mann) 등의 작가들이 두 연인의 운명에 대해 눈길을 던졌다. 또 살바도르 달리(Salvador Dalí) 역시 트리스탄과 이졸데를 다룬 많은 작품을 남긴 바 있다. 이러한 사실에서도 짐작되듯, '트리스탄과 이졸데' 이야기는 점차 엄밀한 의미에서의 '문학'의 범주를 벗어나 다양한 영역에서 다채로운 모습으로 사람들의 관심을 끌곤 했다. 이미 12세기부터 '트리스탄과 이졸데' 이야기는 문학의 영역을 벗어나, 중세 채색 필사본의 삽화들이나 고인쇄본의 목판화를 통해 여러 독자들에게 전파되었으며, 프레스코화, 조각, 자수(刺繡)를 통해서도 널리 확산되었다. 또 오랜 일식 기간을 지나 19세기가 되면 음악과 오페라, 연극과 영화 등의 영역에서도 새롭게 조명을 받게 된다. 일례로 이 유명한 전설을 영화화한 작품 가운데 유명한 것으로는 장 콕토(Jean Cocteau)가 각본을 쓰고 장 들라누아(Jean Delannoy)가 감독한 1943년 작품인 〈영원회귀(L'Éternel Retour)〉가 있으며, 2006년에는 케빈 레이놀즈(Kevin Reynolds)가 감독한 〈트리스탄과 이졸데(Tristan & Isolde)〉가 상영되기도 했다.

끊어지거나 소멸하는 것과는 반대로 과거에서 현재에 이르기까지 일종의 전연성 혹은 가단성(可鍛性)을 지닌 것처럼 보이는 '트리스탄과 이졸데' 이야기는 인간적인 '욕망의 힘'에 대해 늘 새로운 질문을 가능하게 한다는 점에서, 또 인간과 사회 안에서 이 비극적인 정념, 이 치명적인 사랑이 어떤 자리를 차지하게 되는지를 재차 따져보게 한다는 점에서, 요컨대 '사랑' 혹은 '정념'의 의미와 파급력이 어떠한지를 늘 새롭게 주시하게 만든다는 점에서 불멸의 생명력을 갖게 되는 것일지도 모른다.

2 '트리스탄과 이졸데' 이야기와 중세의 '사랑'

20세기가 시작하는 시점에 출간되었던 조제프 베디에의 재구성 완성판,

그리고 1939년 간행된 드니 드 루즈몽(Denis de Rougemont)의 유명한 연구서 《사랑과 서구(L'Amour et l'Occident)》는 "제후들이여, 그대들 사랑과 죽음에 대한 아름다운 이야기 하나를 듣고자 바라시는지?"(Bédier 1900, 1; Rougemont 1972, 15)라는 말로 시작된다. 드니 드 루즈몽은 이 첫 문장을 모든 소설의 가장 이상적인 첫 문장 가운데 하나로 꼽으며, '사랑과 죽음의 공존' 자체가 알 수 없는 울림을 던진다고 지적한다(Rougemont 1972, 15).

'사랑과 죽음'의 이중주, '사랑과 죽음'을 연결시키는 불길한 매혹, 죽음을 통한 두 연인의 정념의 승화를 통해 '트리스탄과 이졸데' 이야기는 '영원회귀'의 신화처럼 자리잡게 되는 것일지도 모른다. 이러한 점을 그대로 인식한 것처럼, 비록 일역의 중역이기는 했지만 1922년에 간행된 춘성(春城)과 고월(孤月)의 번역은 제목을 《사랑의 무덤》으로 명하며, 이듬해 다시 나온 이상수(李相壽)의 번역본에는 《사랑과 설음》이라는 제명이 붙는다. 노자영과 신원을 알 수 없는 역자인 고월은 서문에서 "本書의 原作者페쉐는 佛國古代名詩를蒐集하야, 此一篇을 完成하얏다"고 밝히고 있으며, "왁너의歌劇을爲始하야, 近代伊太利文豪짜눈초이에이르기까지, 泰西의여러文豪와詩人들이, 이作品에서적지아니한影響을바다왓스며," "主人公트리스탠 (男)과이쏠데 (女)는, 죽음과사랑의媚藥을먹은後로, 波瀾萬丈한愛의半生을보내다가, 避할수업는運命의阻碍로," 마침내 사랑의 무덤을 이루었다는 설명을 덧붙이기도 한다(《사랑의 무덤》 1922, 1).

'트리스탄과 이졸데' 이야기의 요제는 아마도 '바다에서 미친 쓰라린 사랑과 죽음'이라는 말로 압축될 수 있을 것이다. 트리스탄과 이졸데의 사랑은 아무런 제약도 없는 순탄한 사랑이 아니었을 뿐만 아니라 실상 '불륜'의 사랑에 해당하는 것이었다. 이 사랑은 트리스탄이 자신의 삼촌이자 후원자였던 인물, 즉 콘월(Cornouailles)을 다스리던 마크 왕(le roi Marc)을 대신해 청혼하러 갔던 아일랜드 왕의 공주 이졸데를 빼앗은 것이었다는 점에서 비극적이며 그런 만큼 알 수 없는 불안감을 가중시킨다. 게다가 트리스탄과 이졸데의 사랑은 두 사람의 자의적인 결정과는 거리가 먼 어떤 미약(媚藥), 달리 말한다면 일종의 마약(痲藥)으로 인해 만들어진 불가피한 것이었다는 점에서 독자들에게 더 강렬한 인상을 준다. 두 사람의 사랑은 이졸데의 어머니인 아일랜드의 왕비가 딸과 사위 마크 왕의 사랑을 굳건한 것으로 만들기 위해 혼례의 밤에 마시도록 마련했던 '약초(藥草)로 빚은 포도주'로 인한 것이었고, 콘월로 향하던 선상(船上)에서 트리스탄과 이졸데 두 사람은 시녀의 실수로 인해 본의 아니게 이 미약을 마시게 된다. 후일 "몸은 둘이지만 마음은 하나"가 되게 하고(Villon 1992, 178), 두 연인을 서로 떨어질 수 없게 만든 이 미약의 효과를 마리 드 프랑스의 단시 〈인동덩굴〉은 다음과 같은 감동적인 말로 기술한다.

그들 두 사람은
개암나무에 붙는
인동덩굴과 마찬가지였어라.
인동덩굴 그곳에 얽혀 자리잡아
줄기 둘레를 온통 휘감게 되면

함께 계속해서 살아갈 수 있게 되지만,
누군가 둘을 떼어놓고자 하면
개암나무 곧 죽어버리며
인동덩굴 역시 그렇게 되니.
"사랑하는 연인이여, 우리도 이와 같으니:
나 없이 그대 없고, 그대 없이 나 없어라." (Marie de France 1983, 153)

서사시의 전통에 걸맞게, '트리스탄과 이졸데' 이야기 역시 비극적인 주인공의 탄생, 영웅의 신비한 무훈과 모험, 한 여성과의 숙명적인 조우 등을 노래한다. 트리스탄은 필경 스코틀랜드 북부에 살던 픽트족의 영웅이었을 것으로 추정되며, 각지의 켈트족들이 저마다 전설의 확립에 일정 역할을 했을 것으로 보인다. '트리스탄과 이졸데' 이야기에는 여러 문명의 다양한 신화들에서 발견되는 공통적인 요소들이 존재하며, 불가능한 임무를 부여받는 영웅, 괴물 혹은 거인과의 격렬한 전투, 사로잡힌 한 여인의 해방 등, 그리스 신화의 주인공들인 이아손(Jason), 페르세우스(Perseus), 테세우스(Theseus) 등이 쉽게 연상될 수 있다. 또 아일랜드 지역의 설화나 웨일스 설화 역시 '트리스탄과 이졸데' 이야기와 많은 공통점을 갖는다.

현전하는 베룰의 작품은 분량이 거의 균등한 네 개의 부분이 이야기되며, 트리스탄과 이졸데가 함께 궁정에 거주하면서 밀회를 하는 내용, 화형당할 위기에 빠진 이졸데를 트리스탄이 구출하여 모루아 숲에서 같이 은신하는 내용, 이졸데가 숲에서 궁으로 귀환하면서 두 연인이 헤어지는 내용, 떨어진 두 연인이 다시 숲에서 밀회를 하는 내용 등이 기술된다. 다만 오늘날 전해지는 베룰이나 토마의 작품이 이야기 전체를 들려주지 않는 만큼, '트리스탄과 이졸데' 이야기의 가장 오래된 형태를 제시하기 위해서는 세부적으로는 대략 아홉 개 부분, 크게는 세 부분으로 대별되는 독일의 아일하르트 폰 오베르케의 작품을 택할 수밖에 없다.

'트리스탄과 이졸데' 이야기의 첫 번째 부분은 트리스탄의 출생에서 마크 왕과 이졸데의 혼례에 대한 내용으로 시작된다. 마크 왕의 누이인 블랑슈플뢰르(Blanchefleur)가 아들을 출산하며 숨을 거둔 뒤, 트리스탄은 구베르날(Gouvernal)에게서 기사에게 필요한 여러 교육을 받게 된다. 이후 트리스탄은 마크 왕의 궁정에 몸을 의탁하게 되나, 자신의 신원을 왕에게 밝히지는 않는다. 이어서 아일랜드의 무시무시한 전사 모르홀트(Morholt)가 출현하며, 그는 그리스 신화의 미노타우로스와 미궁을 연상시키듯, 마크 왕에게 조공을 바칠 것을 요구한다. 트리스탄은 마크 왕에게 자신을 기사로 서임해 줄 것을 간청하고 모르홀트에게 용감히 도전하며, 이때 삼촌에게 자신의 신원을 밝힌다. 외딴 섬에서 벌어진 치열한 전투에서 마침내 트리스탄이 승리하지만 그는 모르홀트의 칼에 중독되며, 거인의 두개골에는 트리스탄의 칼날이 박힌다. 치명적인 부상을 당한 트리스탄은 자신의 검과 하프만을 가지고 키 없는 배에 오르며, 배는 트리스탄을 아일랜드로 이끈다. 그리고 아일랜드에서 트리스탄은 이졸데의 치료로 건강을 회복하며 다시 마크 왕의 곁으로 돌아오게 된다.

그러고는 유명한 '금발의 머리카락' 일화로 '트리스탄과 이졸데' 이야기의 첫 번째 부분이 마무리된다. 신하들은 왕의 총애를 받는 트리스탄을 시기한 나머지 마크 왕에게 결혼을 하여 후사를 정할 것을 요구하며, 마크 왕은 신하들의 요구를 무마하기 위해 어느 날 두 마리의 제비가 그의 침실에 떨어뜨린 한 가닥의 금발을 내보인다. 트리스탄은 금발의 여인을 찾아 길을 나서며, 폭풍우로 인해 본의 아니게 다시 아일랜드에 이르게 된다. 트리스탄은 아일랜드 전역을 유린하던 무서운 용을 무찌르던 과정에서 큰 상처를 얻게 되며, 이번에도 다시 이졸데에 의해 치유된다. 트리스탄은 아일랜드 왕 앞에서 자신의 신원을 밝히고 그의 용서를 청한 뒤, 마크 왕의 아내로 이졸데를 줄 것을 청한다.

'트리스탄과 이졸데' 이야기의 첫 번째 부분은 미약(媚藥)이 만든 제어할 수 없는 정념으로 마무리된다.

아일하르트 폰 오베르케는 미약을 마신 두 연인의 사랑이 일생동안 이어지지만, 특히 처음 4년 동안에는 두 사람이 일주일 이상 떨어지면 죽음을 맞게 된다는 점을 강조한다. 콘월로 돌아오는 귀로에서 더위와 갈증으로 인해, 트리스탄과 이졸데는 마실 것을 가져다줄 것을 명한다. 그때 어린 시녀가 부주의하게 문제의 미약을 두 사람에게 가져다주는 실수를 저지르게 된다.

조제프 베디에는 시녀 브랑지앵의 입을 통해 미약의 비극적인 힘을 다음과 같은 말로 강조한다. "나의 벗 이졸데여, 그리고 트리스탄 경이여, 그대들 그 저주받은 잔으로 그대들의 사랑과 죽음을 마신 것이니!"라는 브랑지앵의 말은 1922년 우리말로 번역된 《사랑의 무덤》의 경우 다음과 같이 기술된다.

이쏠데는이媚藥을마셧다. 이째에트리스탠은, 그香긔로운냄새에醉하야, 盞을들고쫙々드리어마시어, 한방울도남기지아니하얏다. (…)

「아아, 발서글넛다. 나의난날이不吉하거나, 이배에탄날이不吉한가보다………이쏠데氏!트리스탠氏!당신네가마신것은술이아니올시다. 당신네가마신것은「사랑」이엇습니다.「죽음」이엇습니다.」

섄란쟌은아모리歎息하얏스나, 이미엇지할수도업섯다.

배는다시탄다젤을바라고노를저엇다.

인간이 만든 모든 윤리, 이성, 법률, 제도를 넘어서는 운명적인 힘을 부각시키는 미약은 '사랑'이라는 정념이 가진 미증유의 힘을 가감 없이 보여준다. 그러나 중세 문학이 태동되던 초기, '사랑'은 부차적인 것이자 일종의 장식에 지나지 않았던 것도 사실이다. 8세기 말 혹은 9세기 초에 이르러, 당시 구어 라틴어를 사용하던 이들이 당시 유럽의 공용어였던 식자(識者) 라틴어를 더 이상 이해하지 못하게 됨에 따라 오늘날 서구어의 전신이 되는 로망어가 탄생하게 된다. 당시 글을 적을 수 있던 이들은 성직 교육을 받은 성직자들뿐이었고, 그렇기에 초기 중세 문학의 상당수는 종교와 관련된 것일 수밖에 없었다. 이후 11세기 들어 새로운 문학 형식이 출현하게 되며, 그것이 바로 오일어(langue d'oïl)로 기술되는 무훈시(Chanson de geste)와 오크어(langue d'oc)로 기술되는 남프랑스 트루바두르들의 사랑 노래였다.

Ms. Français 112, fol. 239,
미약을 마시는
트리스탄과 이졸데

무훈시라는 장르는 서사시에 해당하며, 과거 영웅들의 혁혁한 무훈과 위업을 중심 내용으로 삼았다. 내용에서도 바로 짐작되듯, 무훈시는 봉건 전사의 세계, 남성의 세계를 극명하게 보여주는 문학 장르였고, 따라서 여성, 연애, 사랑 등은 여기서 별로 주목받지 못했던 것도 사실이다. 그리고 바로 이 지점에서 이후 12-15세기 전반에 걸쳐 중세 문학의 핵심 주제로 자리를 잡게 되는 '사랑'에 처음으로 주목했던 남프랑스 트루바두르들의 작품에 주의를 기울여야만 한다. 트루바두르들은 '시와 사랑'을 이어주는 새로운 가교(架橋)의 건설자였고, 당시까지 간과되었던 '사랑'이라는 인간적인 욕망에 심원한 깊이를 부여한 선구자였다. 트루바두르들의 사랑 노래를 통해, 어느덧 '사랑'은 창작의 원동력이자 시인이 살아가는 존재 이유가 되었고, 자기 초월의 기제가 되기도 했다. 이런 맥락에서 널리 사용되는 표현 가운데 하나가 '12세기 사랑의 발명'이라는 표명이었다는 점을 되짚어 볼 필요가 있다.

트루바두르들의 문장(紋章)이자 사랑의 기법인 '핀 아모르'는 남성 전사들이 봉건 군주에게 충성을 바치고 그를 섬기는 데 진력하는 것처럼, 자신이 사랑하는 귀부인을 '나의 주군(主君)'(mi dons)이라 칭하고, 그 여인의 호의를 구하는 가신(家臣)이자 시종이기를 자처하는 남성의 '정련되고 정화된, 완벽한 사랑', 마치 불길 속에서 정련되는 순금과도 같은 사랑을 의미했다.

모든 것이 내게 즐겁고 아름다운 저 쪽에서
전령도 봉인된 편지도 오는 것 볼 수 없으니
이에 내 마음 잠들지도 못하고 웃을 수도 없네
또 나 감히 앞으로 갈 수 없으니
내가 알기 전까지는, 우리 화해가
내가 바라던 것과 같은지. (Bec 1979, 75)

하지만 트루바두르들의 사랑은 육체적인 사랑이 배제된 '정신적인 사랑(amour platonique)'과는 거리가 멀었다. 그리고 바로 이 점에서, 그들이 추구하는 사랑은 근본적으로 모순적인 동시에 역설적인 성격을 드러내게 된다. 연인은 '사랑'이라는 욕망이 충족되기를 희구하지만, 자신이 간절히 바라던 욕망을 채우고 나면 어느덧 사랑이 사라지고 소멸하는 것을 보게 된다. 반대로 그토록 간절히 바라던 욕망을 채우지 못하면, 연인은 항상 죽음과도 같은 고통을 맛보아야만 한다. 이런 맥락에서 트루바두르들은 항구적인 사랑의 삶을 영위하기 위해, 자신의 욕망을 충족시키기보다는 늘 채워지지 않은 상태로 남겨두는 일종의 욕망의 미충족을 지향하게 된다. 또 그런 만큼 이들의 사랑 노래들은 전적으로 즐거운 감정의 표출이 아닌 불행한 사랑, 결코 만족될 수 없는 운명의 사랑, 사랑하지만 사랑받을 수 없는 사랑, 고통과 즐거움이 혼재된 복잡한 사랑의 노래였고, 이를 트루바두르 세르카몽은 다음과 같이 토로했다.

아아! 사랑에서 얻는 것이라고는
오직 고통과 슬픔뿐,
또 어떤 것도 내가 욕망하는 것보다
더 얻기 힘든 것 없구나,
또 어떤 것도 내가 가질 수 없는 것보다
더 나를 부럽게 하는 것 없구나. (Bec 1979, 98)

남프랑스의 트루바두르들이 주창한 이 새로운 사랑은 12-13세기를 사로잡으며, 급속도로 북프랑스, 이탈리아, 독일을 비롯한 유럽 전역으로 확산되기에 이른다. 트루바두르들의 사랑 노래에서 표출되는 '정련된 사랑'의 요체와 반향은 12세기 후반 안드레아스 카펠라누스(André le Chapelain)가 쓴 《합당한 사랑의 기법에 대하여(De arte honeste amandi)》, 크레티앵 드 트루아(Chrétien de Troyes)가 그리는 원탁의 기사들의 이야기, 중세의 대표적인 사랑의 지도이자 '사랑의 정화(精華)'라 부를 수 있을 《장미 이야기(Roman de la Rose)》, 그리고 중세 후기의 '사랑의 법정(cour d'amour)' 등에서도 어렵지 않게 발견된다.

트루바두르들이 지향했던 '정련된 사랑'과 '궁정풍 사랑'은 여러 지점에서 유사한 모습을 보이는 것이 사실이다. 하지만 '궁정풍 사랑'의 경우, 기사이자 연인인 남성은 자신이 사랑하는 여인을 소유하기에 합당한 자격을 갖추었다는 사실을 용맹과 무훈을 통해 입증해야만 한다는 점에서 트루바두르들의 사랑과 차별화된다는 점을 짚어둘 필요는 있다. 가스통 파리스(Gaston Paris)가 크레티앵 드 트루아의 작품 《랑슬로 혹은 수레에 오른 기사(Lancelot, Le Chevalier de la charrette)》와 관련지어 '중세의 사랑'을 통칭하는 말처럼 표현한 '궁정풍 사랑'의 주된 특징은, 첫째 남편과 아내 사이에서는 상정되기 힘든 관계인 혼외의 비밀스러운 사랑, 둘째 사랑하는 여인을 잃게 되는 것을 염려하기에 여인 앞에서 늘 낮은 자세를 취하는 남성 연인의 모습, 셋째 자신에게 베풀어주기를 바라는 혹은 이미 자신이 받은 애정에 값하는 자가 되기 위해 가능한 모든 위업을 완수하는 남성 연인과 늘 연인을 더 나은 인물로 만들고자 하는 여성의 모습, 마지막으로 기사도의 규율처럼 하나의 기법이자 미덕인 사랑을 익히고 적절히 행함으로써 향상되는 연인의 면모 등 네 가지로 요약될 수 있다(Paris 1883, 519).

3 사랑과 죽음의 이중주

아일하르트 폰 오베르케의 '트리스탄과 이졸데' 이야기는 두 번째 부분에서 마크 왕과 이졸데의 혼례부터 두 연인의 모루아 숲으로의 도피까지를 들려준다. 시녀 브랑지앵은 트리스탄과 이졸데가 커다란 기쁨을 누릴 수 있도록 도움을 주고, 혼례의 초야 때에는 이졸데를 대신해 마크 왕과의 잠자리에 든다. 한편 마크 왕의 또 다른 조카인 앙드레(Andret)를 필두로 여러 가신들은 점점 더 트리스탄을 질시하게 되고, 왕에게 트리스탄과 이졸데가 연인 사이임을 계속해서 고발한다. 마크 왕은 처음에는 신하들의 말을 믿으려 하지 않았지만, 결국에는 이들의 말에 따라 트리스탄을 궁에서 추방한다.

'트리스탄과 이졸데' 이야기에는 연인들의 밀회를 현장에서 발각하고자 하는 두 번의 함정이 이야기된다. 첫 번째 함정은 '커다란 소나무' 혹은 '보리수'로 통칭되며, 마크 왕은 나무 위에 올라 몸을 숨긴 채 트리스탄과 이졸데가 야외에서 밀회를 즐기는 것을 직접 확인하고자 한다. 그러나 이러한 왕의 계획은 두 연인이 물에 비친 왕의 모습을 보고 기지를 발휘해 대화를 주고받았기에 수포로 돌아가며, 마침내 마크 왕은 두 사람에 대한 의심을 거두게 된다.

"트리스탄 공, 이 무슨 해괴한 짓이오? 이 시각에, 이러한 곳으로 나를 부르다니! 탄원하실 일이 있다 하며 벌써 여러 차례 나를 청하셨소. 도대체 무엇을 그토록 간구하오? 나에게서 무엇을 기대하신단 말이오? 오늘 드디어 공의 부름에 응한 것은, 내가 공 덕분에 왕비가 되었음을 잊지 않았기 때문이오. 자, 이렇게 공의 부름에 응했으니, 서슴지 말고 원하는 바를 말씀해 보시오."

"왕비시여, 자비를 간구할 뿐이옵니다! 왕비께옵서 국왕 전하의 노여움을 가라앉혀주옵소서! (…) 국왕께서 진실로 신임하시는 유일한 분이 곧 왕비이시니, 국왕 전하의 노여움을 가라앉히실 수 있는 분은 오직 왕비님뿐이옵니다."

"트리스탄 공, 진정 아직도 모르고 계시오? 전하께서 우리 두 사람을 의심하고 계심을? (…) 나의 주군께서는 내가 공에 대하여, 책망받아 마땅한 연정을 품고 있다고 믿으신다오. 하지만 그것은 하느님이 아시는 일, 만약 내가 거짓을 말한다면, 하느님께서 이 몸에 저주를 내리실 것이오! 나의 순결한 처녀의 몸을 최초로 품에 안은 그분 이외의, 다른 어느 남자에게도 나는 내 사랑을 결코 허락하지 않았소. (…)"

(베디에 2001, 86-87)

난장이 프로생(Frocin, Frocine)은 처음 계획했던 함정이 허사가 되자 흔히 '밀가루 함정'으로 이야기되는 두 번째 함정을 마련한다. 중세 당시의 침실은 개별적인 공간이 아닌 일종의 공동 침실이라고 할 수 있었고, 그렇기에 어느 날 밤 트리스탄과 마크 왕 그리고 이졸데는 한 침소에서 잠을 청하게 된다. 난장이 프로생은 두 연인들 가운데 한 사람이 상대방의 침대로 가면 발자국이 남도록 트리스탄의 침대와 왕비의 침대 사이에 밀가루를 뿌린 뒤 왕과 함께 밖으로 나간다. 간교를 알아차린 트리스탄이 흔적을 남기지 않기 위해 훌쩍 뛰어 왕의 침대로 건너가지만, 전날의 사냥에서 다친 다리의 상처가 터져 왕비의 침상과 바닥의 밀가루 위를 붉게 물들이고 만다. 분노한 왕이 현장에서 발각된 두 연인을 각각 화형(火刑)과 차형(車刑)에 처하지만, 트리스탄은 예배당 창문을 통해 절벽에서 뛰어내려 몸을 피한 뒤 나병 환자들 손에 내맡겨진 이졸데를 구해 모루아 숲으로 피신하게 된다. 2년여의 시간이 지난 어느 날, 마크 왕은 숲속에서 은둔생활을 하던 두 사람을 발견하게 되지만, 잠든 두 사람 사이에는 트리스탄의 검이 놓여있었고, 이 기이한 광경에 마크 왕은 고민하게 된다.

> "(…) 저 두 사람을 과연 죽여야 하는가? 이 숲속에서 그토록 오랫동안 함께 기거해 왔는데, 그들이 만약 불륜의 사랑에 빠져있었다면, 두 사람 사이에 저렇게 검을 놓아 경계를 삼았겠는가? 두 사람 사이에 날을 드러내고 있는 검이 곧 순결의 징표이며 수호자임을 모르는 자 어디 있겠는가? 두 사람이 만약 불륜의 사랑에 빠졌다면 저토록 순결한 모습으로 잠들 수 있겠는가? 아니로다. 내 결코 두 사람을 죽이지 않으리라. (…)" (베디에 2001, 127)

왕은 자신의 검을 트리스탄의 검 대신 놓아두고 이졸데의 몸 위에는 자신의 장갑을 남긴 채 숲을 떠난다. 이윽고 잠에서 깨어난 두 연인은 그들이 자는 동안 왕이 다녀갔음을 깨닫고, 두려움에 가득 차 숲속 더 깊은 곳으로 몸을 피하게 된다. 그리고 그곳에서 은자 오그랭(Ogrin)을 만나게 된다. 은자 오그랭은 트리스탄에게 왕비를 왕에게 돌려보낼 것을 권하지만, 트리스탄은 그의 권고를 받아들이지 않는다. 하지만 어느덧 4년의 시간이 흘러 마침내 미약의 효과가 사라지게 되었을 때, 마침내 이졸데는 마크 왕의 궁으로 혼자 돌아가게 되며 왕비와 헤어진 트리스탄은 각지를 떠돌게 된다. 베룰의 버전에 따르면, 미약의 효과가 사라지는 때가 도래하는 대목에서, 트리스탄과 헤어질 것을 권유하는 은자의 말에 이졸데는 이렇게 답한다.

> 그[트리스탄]는 저를 사랑하지 않습니다, 또 저도 그를 사랑하지 않습니다,
> 약초로 빚은 포도주로 인한 것이 아니었다면, 제가 마셨던
> 또 그도 마셨던. 이것이 잘못이었습니다. (Lacroix & Walter 1989, 86)

일시적인 효과를 지닌 미약, 이졸데와 트리스탄이 마신 약초로 빚은 포도주는 문자 그대로 일종의 강력한 마약에 다름 아니다. 다른 말로 하자면 트리스탄과 이졸데는 마약에 취한 것일 뿐이며, 두 사람에게는 아무런 책임이 없다. 따라서 미약의 효력이 끝나는 순간, 트리스탄과 이졸데는 당연히 서로를 사랑하는 것을 멈추어야 했다. 그런데 미약의 효과가 사라진 순

간에도 트리스탄은 이졸데를 우선적으로 생각한다.

> 왕비로 인해 내 마음 무거우니,
> 그녀에게 방장(房帳) 달린 침상 대신 오두막을 주었기에.
> 그녀 지금 숲에 있으니, 측근들과 함께
> 비단 천들 내리운 훌륭한 방들에
> 머무를 수 있었건만.
> 나로 인해, 그녀 잘못된 길을 들었구나. (Lacroix & Walter 1989, 122)

이 대목에 대한 프랑스 석학 미셸 쟁크(Michel Zink)의 지적은 더없이 새로우면서도 통찰력 있는 해석이 아닐 수 없다. 미셸 쟁크는 이렇게 말한다. "미약의 영향이 유지되는 동안, 트리스탄과 이졸데는 서로 상대방 없이 혼자서는 살아갈 수 없었다. 서로 사랑함으로써, 그들은 저마다 스스로의 삶을 지킨다. 하지만 미약의 힘이 사라지자, 이제 트리스탄도 이죄도 먼저 상대방의 삶을 우선적으로 생각한다. 그들이 진정 서로를 사랑하는 것은 이때부터이다"(Zink 2015, 107). 두 연인은 서로 떨어져 있으면서도 늘 서로를 사랑할 수 있는 힘을 이때부터 얻게 되며, '트리스탄과 이졸데' 이야기의 비극성, 감정의 격렬함은 이때부터 더욱 격렬해진다.

아일하르트 폰 오베르케는 전하는 이야기의 세 번째 부분은 트리스탄의 추방부터 두 연인의 죽음까지에 해당한다. 이 부분에서 우리이 주목을 끄는 한 가지 일화는 금발의 이졸데와 흡사한 여인인 흰 손의 이졸데와 트리스탄이 혼례를 올리는 장면이다. 브르타뉴 지방으로 간 트리스탄은 그곳의 왕을 도와 왕국을 유린하던 적을 물리치며, 흰 손의 이졸데와 혼례를 올리게 된다. 베디에는 이 대목을 다음과 같이 짧게 기술하지만,

> 호엘은 신료들과 숙의한 다음, 트리스탄을 인견하고 의중을 열어 보였다.
>
> "(…) 이제 내가 그 은공에 보답하고자 하오니, 사양치 말기를 바라오. 나의 딸아이는 공작들과, 왕들, 왕비들의 혈통을 이어받았는 바, 그대의 배필이 되기에 부족함이, 없을 줄로 아오. 흰 손의 이즈[이졸데]를 그대에게 허락하니, 쾌히 받아들이시겠는가?"
>
> "전하, 분부대로 하겠나이다." (베디에 2001, 187)

토마의 버전에 따를 경우, 혼례를 올리기 전 트리스탄은 마음속에서 금발의 이졸데에게 다음과 같이 긴 가상의 대화를 건넨다.

> 이졸데, 아름다운 정인이여,
> 그대 삶 무척이나 변하였구나
> 우리 사랑 이렇듯 서로에게서 멀어져
> 내게 남은 것이라고는 실망뿐.
> 그대로 인해, 나는 즐거움과 기쁨을 잃었건만,
> 그대는 밤에도 낮에도 이를 누리며,

내 삶은 커다란 고통에 빠져 있는데
그대, 그대 삶은 사랑의 환희들 속에 있구나.
나는 당신을 욕망하는 것 말고는 할 수 있는 것이 없건만,
그대, 그대는 넘치도록,
쾌락과 즐거움을 향유하고 있으며,
그대의 모든 욕망을 채우는구나.
그대의 육체로 인해, 나 고통에 잠겨 있건만,
왕께서는 그대 안에서 그의 기쁨을 누리고
그대 안에서 그의 쾌락과 행복을 찾네,
지난날 내 것이던 것, 지금은 그의 것이니. (Lacroix & Walter 1989, 338)

트리스탄은 긴 망설임 끝에, 결국 금발의 이졸데가 무엇을 느끼는지를 알기 위해 흰 손의 이졸데와의 혼례를 결심한다. 달리 말한다면, 이때 트리스탄과 이졸데는 서로의 역할을 바꾸어 생각해 보게 되는 계기를 얻게 된다고도 말할 수 있다.

그러나 혼례를 치른 후 1년 동안 트리스탄은 부부의 의무를 이행하지 않으며, 이후 트리스탄은 치명상을 입고 사경에 빠지게 된다. 자신의 상처를 치유해 줄 유일한 사람이 금발의 이졸데임을 알기에, 트리스탄은 금발의 이졸데를 데리고 와 줄 것을 흰 손의 이졸데의 오빠인 카에르댕에게 부탁한다. 베디에에 따르면, 트리스탄이 자신의 진심을 털어놓는 순간 흰 손의 이졸데가 그 사실을 엿듣게 되며, 남편의 사랑이 자신이 아닌 다른 여

인에게 향하고 있었음을 알게 된 흰 손의 이졸데는 강한 질투심을 느끼게 된다. 그리스 신화의 영웅인 테세우스와 부친 아이게우스의 일화를 떠올리게 하듯, 또 한편으로는 우리나라의 백일홍 전설을 연상시키듯, 트리스탄은 금발의 이졸데를 데리고 올 경우 배에 흰 돛을, 그렇지 않을 경우 검은 돛을 달고 올 것을 청한다. 베디에의 버전에 의거하면, 배가 당도하는 소리를 들은 트리스탄이 흰 손의 이졸데에게 돛의 색깔을 다급히 묻자, 질투에 사로잡힌 아내는 돛의 색깔을 거꾸로 이야기하며, 이 말을 들은 트리스탄은 절망에 빠져 죽음을 맞이하게 된다. 그리고 이윽고 도착한 금발의 이졸데 역시 트리스탄을 껴안은 채 그의 죽음을 안타까워하다 죽음을 맞이하게 된다.

> 흰 손의 이즈는 자신이 저지른 엄청난 잘못을 뒤늦게 깨닫고, 트리스탄의 시신 위에 엎드려 슬피 통곡한다. 금발의 이즈가 들어서며 그녀에게 말한다.
>
> "(…) 내가 시신에 다가갈 수 있도록 비켜주시오. 당신보다는 나에게 슬퍼할 사연이 더 많소. 내가 그를 더 사랑하였으니까."
>
> 그녀는 동방을 향하여 앉더니 하느님께 기도를 하였다. 그리고는 시신을 덮은 천을 조금 쳐들더니, 시신과 나란히 자신의 몸을 눕힌 다음, 시신의 입에 자신의 입을 맞추며 시신을 힘껏 껴안았다. 두 몸과 두 입이 그렇게 밀착되자 그녀는 조용히 숨을 거두었다. (베디에 2001, 248)

일면 한결같고 단일한 것처럼 보이기도 하지만, 실상 연인들의 사랑은 저마다 차별화되며 그만큼 다양하게 표출된다. 어떤 이는 불행을 맛보며 설방하고, 어떤 이는 고통 속에서도 여전히 사랑을 꿈꾼다. 질투로 괴로워하는 이가 있으면, 채울 길 없는 강한 욕망에 괴로워하는 이도 존재하며, 달콤한 쾌락을 맛보는 자 곁에는 본능에 무절제하게 스스로를 내맡기는 자도 존재한다. 유사한 맥락에서 트루바두르들의 '핀 아모르'와 '궁정풍 사랑'은 대부분 불륜의 사랑이자 비밀스러운 사랑의 면모를 보이며, 이러한 특징은 트리스탄과 이졸데의 사랑, 랑슬로와 그니에브르(Guenièvre)의 사랑에서도 충분히 짐작된다. 그러나 다음과 같은 가스통 파리스의 말처럼, 두 쌍의 연인들의 사랑에서 차별화되는 지점을 발견하기는 어렵지 않다.

> 어떤 프랑스 작품에서도, 내가 아는 한, 이러한 '궁정풍' 사랑은《수레에 오른 기사》이전에 나타나지 않았다. 트리스탄과 이졸데의 사랑은 또 다른 것이다. 트리스탄과 이졸데의 사랑은 랑슬로와 그니에브르의 사랑이 갖는 여러 미묘함들과 우아함들을 알지 못하는, 열렬하고 자연스러운, 소박한 정념이다. (Paris 1883, 519)

트리스탄과 이졸데, 그리고 랑슬로와 그니에브르의 사랑은, 적어도 그 시작 지점에 있어서는 극명하게 차별화되며 사랑에 대한 상이한 인식 또한 드러내 보이게 된다. 미약으로 인한 트리스탄과 이졸데의 사랑이 끼닭 없는 사랑, 무엇으로도 제어될 수 없는 힘을 의미한다면, 호수의 기사 랑슬로와 아서 왕의 왕비 그니에브르의 사랑은 '궁정풍 사랑'이 정점에 달한 상태를 나타낸다고 할 수 있기 때문이다. 또 대부분의 기사 이야기에서 기사의 용맹함과 헌신(獻身)이 사랑하는 귀부인의 호의와 비례하는 반면, '트리스탄과 이졸데' 이야기에서 트리스탄이라는 한 영웅은 용맹함과 헌신으로 인해 점점 더 봉건세계에서 소외되고 축출된다는 점도 짚어둘 필요가 있다. 하지만 이 두 '사랑의 신화'는 유사한 결론, 즉 비극적인 울림으로 귀결된다는 점에서는 공통점을 갖는다. 한쪽이 연인들의 죽음으로 끝난다면, 다른 한쪽은 아서 왕 왕국의 몰락과 붕괴로 이어지기 때문이다.

흔히 '트리스탄과 이졸데' 이야기를 비극적 사랑의 전형처럼 이야기하곤 하지만, 이 이야기의 비극성이 단순히 격렬한 정념, 그리고 이에 따른 비극적인 운명에만 국한되는 것은 아니다. '트리스탄과 이졸데' 이야기의 긴장감과 비극성은 인물과 상황을 이상화시키지 않는 데에서도 발견된다. 나아가 트리스탄과 이졸데의 사랑은, 음유시인들이 노래했던 '핀 아모르' 처럼 한 개인을 고양시키고 개선시키는 것이 아니라, 문자 그대로 모든 것을 잃어버리게 만든다. 중세의 많은 '사랑의 수사학'들이 늘 상처와 고통, 사랑과 죽음을 연결하고 이야기했지만, 트리스탄과 이졸데의 사랑은 '사랑과 불행', '사랑과 죽음'을 더없이 구체적인 차원에서 연결시킨다. 트리스탄은 전설적인 영웅이면서도 다른 영웅들과 구별된다. 그가 거두는 모든 승리, 모든 성공은 항상 반대 방향으로 움직이며, 트리스탄에게 새로운 상처를 남기는 동시에 그를 주변인으로 만든다. 이러한 점을 고려한다면 트리스탄과 이졸데의 사랑은 '궁정풍 사랑'의 대척점에 선, 나아가 두 연인뿐만 아니라 주변 모두를 불행하게 하는 사랑에 다름 아닐지도 모른다.

4 인문고전, 인문주의의 의의

중세의 채색 필사본에 수록되는 삽화들 가운데 가장 빈번하게 그려진 것으로는 아서 왕과 원탁의 기사들, 트리스탄과 이졸데, 《장미 이야기》의 등장인물들을 들 수 있다. 일례로 '트리스탄과 이졸데' 이야기의 경우, 채색 삽화를 통해 빈번히 재현되었던 정경은 트리스탄과 거인 모르홀트의 전투, 선상에서 미약을 마시는 트리스탄과 이졸데의 모습, 이졸데를 마크 왕에게 건네주는 트리스탄, 나무 위에 올라 두 연인의 밀회를 포착하려는 마크 왕의 시도, 모루아 숲 속에서 잠든 두 사람을 발견하는 마크 왕, 그리고 두 연인의 죽음 등이었다. 그런데 15세기 후기에 만들어진 한 필사본에 수록된 채색 삽화 하나는 보다 우리의 주목을 끈다.

이 채색 삽화는 12세기의 침실이 아닌 15세기 당대의 현실에 부합하는 궁정의 침실을 배경으로 삼고 있으며, '궁정풍 사랑'의 어느 정경처럼 트리스탄의 하프 연주를 듣는 왕비 이졸데의 모습을 보여준다. 그러나 트리스탄의 뒤쪽에 있는 문에 눈길을 돌리면 한 발을 문턱에 올리고 트리스탄

Ms. Français 101, fol. 383v, 트리스탄에게 치명상을 가하는 마크 왕

을 향해 검을 겨누고 있는 마크 왕의 모습이 발견되며, 보다 자세히 살펴보면 마크 왕의 검이 트리스탄의 등을 관통해 선혈이 낭자하게 흐르고 있다는 사실을 알게 된다.

이 채색 삽화가 흥미로운 것은 이러한 내용이 베룰이나 토마 등의 버전에 전혀 나타나지 않는 정경이며, 그런 만큼 필사본 주문자 혹은 제작자의 상상력이 만들어낸 산물이라는 사실이다. 그러나 이러한 상상력은 사실 별로 새롭지 않다. 남편, 아내, 그리고 연인이라는 세 명의 중심인물을 한

화폭 안에 제시하면서, 결혼과 부부 사이의 충실성을 강조하고 불륜의 사랑에 대한 단죄를 부각시키려는 의도가 쉽게 짐작되기 때문이다. 달리 말한다면 이 채색 삽화는 트리스탄과 이졸데의 사랑을 배신당한 남편의 복수로 귀결시키고자 하는 진부한 교훈을 전달하는 것이라고도 말할 수 있다(Bédier 2009, 156-157).

이와는 달리, 20세기 프랑스 작가 미셸 투르니에(Michel Tournier)는 '트리스탄과 이졸데' 이야기에서 간과하기 쉬운 다른 시각들을 몇 가지 제시하곤 한다. 우선, 그는 이 이야기에 나오는 네 명의 여성을 색다른 시각에서 바라봄으로써 오직 딸의 행복만을 원했으나 결국 딸에게 재앙에 가까운 또 가장 비인간적인 정념을 불러일으키게 만든 어머니인 아일랜드의 왕비, 이졸데에게 무한한 헌신을 바치지만 배신을 맛보는 시녀 브랑지앵, 부당하게 버림받은 아내의 운명을 감당해야 하는 흰 손의 이졸데, 그리고 모든 것을 짓밟는 금발의 이졸데의 모습을 그려 보인다(Tournier 1994, 30).

또 '트리스탄과 이졸데' 이야기에서 종종 주목받지 못했던 마크 왕에 대해서도 또 다른 해석 하나를 제시한다. 투르니에는 전설이 유쾌하거나 쉬운 역할과는 거리가 먼, 희극에 등장하는 오쟁이진 남편의 역할을 부여한 마크 왕에게 경의를 표해야 마땅하다고 이야기한다. 형이상학적으로 오쟁이진 남편의 부류에 속하는 마크 왕의 불운은, 암피트리온의 모습으로 변신한 제우스 신과 알크메네 사이에서 영웅 헤라클레스가 태어나는 것과 달리, 또 성령을 통해 동정녀 마리아에게서 나사렛 예수가 태어나는 것과도 달리, 인류를 구원할 구세주나 영웅의 탄생으로 정당화되지 못한다는 점에서, 아무런 출구 없는 비인간적인 모습의 전형처럼 다가온다(Tournier 1994, 30-32).

신화의 경우, "아주 오래전부터 그 이미지가 고정된 듯 여겨지지만, 오래되었음에도 불구하고 여전히 설득력을 갖는다는 데 신화의 역설이 있다"(Tournier 1994, 28)는 투르니에의 지적은, 모파상(Guy de Maupassant)이 자신의 유명한 '소설론'에서 강조했던 요체, 즉 어떻게 오랜 인내와 주시를 통해 '독창성'을 획득할 수 있는지를 밝히는 아래의 대목과 의미하는 바가 다르지 않다.

> 재능은 오랜 인내다 — 중요한 것은 자신이 표현하고자 하는 것이면 모든 것을, 충분히 오래 주의를 기울여 살펴봄으로써, 지금까지 그 누구도 본 적이 없고 말한 적도 없는 어떤 면을 거기에서 발견하는 것이다. 어느 것에나 아직 탐색되지 못한 것이 존재한다. 왜냐하면 우리가 바라보고 있는 것에 대해, 우리보다 앞서 누군가가 생각했던 것을 떠올림으로써만, 우리의 시선을 사용하는 데 익숙해져 있기 때문이다. 제 아무리 소소한 것일지라도 거기에는 일말의 미지의 것이 담겨 있다. 그것을 찾아내자. (Maupassant 1982, 58)

다른 이들이 미처 발견하지 못했던 것, 소홀히 했던 것에 대한 주목은 '트리스탄과 이졸데' 이야기에서도 동일하게 표출될 수 있다. 혹자는 트리스탄과 이졸데의 정념에서 사회적 통합 혹은 질서를 저해하는 불길한 힘을 느낄 수도 있다. 반대로 어떤 이들은 강제되는 질서나 제약을 통해 만들어지는 균질한 열망이 아닌 무질서를 초래하는 다양한 욕망의 표출에 대해 재고해 보게도 된다. 또 혹자는 가장 넓은 의미에서의 '인간 조건'이 과연 어떻게 만들어지게 되는지를 되짚어 보는 계기를 얻을 수도 있다. 이러한 문제의식은 의붓아들과 계모의 사랑을 이야기했던 17세기 장 라신(Jean Racine)의 유명한 희곡 〈페드르(Phèdre)〉에서도 어렵지 않게 발견된다. 에우리피데스에게서 주제를 빌려온 이 작품에서, 주인공 페드르는 동시에 연민과 공포를 불러일으키며, 완전한 유죄도 완전한 무죄도 아닌 모습으로 다가오기 때문이다(Racine 1985, 13).

> 내 병은 더 예전에 시작되었어. 결혼의 율법 아래,
> 에제의 아들과 맺어지고 난 지 얼마 안 돼.
> 나의 평안과 행복이 굳건해진 것 같았건만,
> 아테네는 나에게 오만한 적을 보여주더구나.
> 나는 그를 보았고, 그를 보자 붉어지고 새하얘졌어.
> 넋이 나간 내 영혼 속에서 혼란이 일었다.
> 눈은 더 이상 볼 수 없었고, 더 이상 말도 할 수 없었다.
> 내 몸이 온통 타오르고 얼어붙는 게 느껴졌다.
> 나는 알아보았어, 비너스를, 두려운 그의 불길을.
> 비너스가 쫓고 있는 가문의 피할 수 없는 고통을.
> (…)

치유할 수 없는 사랑에 효력없는 약들이여!
내 손으로 직접 제단에 향을 피워도 허사였다.
내 입이 여신의 이름을 부르며 애원하고 있을 때,
내가 예배 드린 신은 이폴리트, 줄곧 그의 모습만 떠올리며,
향을 피워 올린 제단 아래 엎드려서도,
감히 이름 부를 수 없는 그 신에게 모든 걸 바쳤던 거야.
(…)
다른 사람도 아닌 남편에게 이끌려 트레젠으로 와서,
내가 멀리 보낸 그 적을 다시 보게 되자,
너무도 생생한 나의 상처는 곧 피를 흘렸다.
그것은 이제 내 혈관 속에 숨어 있는 격정이 아니야.
그건 온몸으로 먹이에 들러붙은 비너스 자신이야.
나는 나의 죄에 대해 품어 마땅한 공포를 갖게 됐어. (라신 2005, 153-155)

페드르는 처음 의붓아들을 보고 사랑을 느꼈을 때, 이를 비너스의 벌로 여긴다. 일순간에 육체적 혼란과 감각의 마비를 겪으며 로고스의 세계에서 분리된 페드르는, 자기 안의 낯선 자아, 자신인 동시에 스스로에게 해가 되는 낯선 괴물 같은 자아를 보게 된다. 페드르는 이 설명할 수 없는 사랑과 동요를 어머니 파시파에로부터 대물림된 죄와 고통으로 간주한 채, 이 사랑을 사라지게 하기 위해 백방으로 노력한다. 하지만 결국 의붓아들에 대한 사랑을 지우려던 모든 시도들이 수포로 돌아갔을 때, 페드르는 어

느 순간 한 명의 희생자이기를 그치고 스스로가 비너스 자신이 되어버린다. 시녀 외논 앞에서 이루어지는 페드르의 긴 독백은 어떻게 힘겹게 누르던 내면의 욕망이 밖으로 표출되는지, 어떻게 이 욕망이 희망을 낳고 광기의 미궁을 만들어내는지, 침묵의 고삐에서 풀려난 정념이 얼마나 이성을 무력화시키며 주인 노릇을 하는지, 또 그것이 어떻게 인간의 어두운 본성을 노정하는지 등을 여실히 보여준다.

어느 비평가는 "이탈리아 문학이 기교, 상상력, 그리고 정열의 유파(流派)라면, 영국 문학이 감수성과 시의 유파라면, 독일 문학이 꿈과 형이상학의 유파라면, 프랑스 문학은 (…) 늘 인간을 연구하는 데 주의를 기울였으며, 인간을 알고 그리는 데, 그들의 행동의 원동력을 설명하는 데 주의를 기울였던, '인간 조건과 기질(conditions et humeurs)'의 비밀 속으로 파고드는 데 진력했던 예지(Sagesse)의 유파"였다고 지적한다(Strowski 1925, 11). 그의 말을 바꾸어 표현한다면, 프랑스 문학은 지극히 '인간적'인 문학이라 말할 수 있으며, 여기서 '인간적'이라는 말은 '인간과 정념'이 어떤 관계망을 형성하는지를 끊임없이 파악하고자 노력했음을 의미하게 된다. 정념은 인간의 이성적 판단이나 갖가지 사회적 규약들로 제어되지 못하며, 그 결과 정념에 끌려가는 수동적인 한 인물, 한 집단, 나아가 사회 전체의 운명을 변모시킨다.

요컨대 프랑스 문학의 주안점은 인간이 숨기고자 하는 것을 드러내는 데 있다. 숨겨진 이면을 세밀하게 파헤치고 보이지 않는 메커니슴의 의미를 되짚어 보는 데 천착하는 프랑스 문학은, 마치 지킬 박사와 하이드(Dr.

Jekyll And Mr. Hyde)처럼, 혹은 아멜리 노통브(Amélie Nothomb)의 소설에서처럼, 동시에 표면과 이면을 발견하고자 한다. '나'에게서 '타자'를, '의식'에서 '무의식'을 발견하고자 진력하기에, 프랑스 문학의 어느 페이지를 들추어보아도, 그 안에는 '인간'이 숨 쉬고 있으며, 도처에서 인간의 심정들을 적확하게 파악하여 그 비극적이면서도 고귀한 비밀을 밝히려는 시도들이 발견된다. 어떠한 이유에서, 어떠한 상황에서, 어떤 사람들 속에서, 어떠한 '정념'이 인간을 그렇게 생각하게 만들고, 그렇게 행동하게 하는지, 정념이 인간을 어떤 운명으로 인도하는지를 프랑스 문학은 끊임없이 질문하며, 이러한 출발점에 '트리스탄과 이졸데' 이야기도 자리를 잡는다. 끝없는 이야기처럼 일종의 선조성을 보이는 '트리스탄과 이졸데' 이야기의 매혹은 두 연인의 사랑이 욕망의 힘에 대해 늘 새로운 질문을 제기하고 그 의미를 되짚어 볼 수 있는 원형이 된다는 점에 있다고 말할 수 있다.

흔히 '이단(hérésie)'이라는 말은 부정적인 의미를 떠올리게 만들며, 정상적이지 못한 것 혹은 용납되지 못하는 것을 통칭하는 말처럼 사용되기도 한다. 하지만 이 말의 어원적인 의미는 다름 아닌 '선택(choisir)'이며, 이러한 선택은 숙고와 성찰 이후 이루어지는 스스로의 결정(決定)을 의미한다. 프랑스 문학, 나아가 인문학은 자유 비평, 자유 검토의 정신 속에서, 회의주의와 성찰의 단계를 거쳐 과연 무엇이 인간적인 것인지를 파악하고 해법을 찾고자 노력했다. 지금까지의 해석을 맹목적으로 추종하지 않고, 여기에 스스로의 견해를 더하는 것, 또 과거를 출발점으로 삼아 현재를 비판하고 개선하고자 하는 것, 그리고 현재 안에서 미래를 전망하는 것이 바로 인문학의 소명이자 인문주의자의 역할이라는 점을 항상 떠올릴 필요가 있다. 그렇기에 '인문주의' 혹은 '인문고전'은 항상 '선택'의 과정을 거쳐야 하며, 어느 특정 시기에만 존재하는 것이 아니라 어느 시대에나 늘 있어야만 하는, 또 앞으로도 변함없이 존재해야만 한다는 점에서 의의를 갖는다.

참고 문헌

- 《사랑의 무덤》. 春城·孤月 共譯. 廣益書館, 1922.
- 《사랑과 설음》. 李相壽 譯. 文友堂, 1923.
- 라신, 장. 《바자제·페드르》. 심민화 옮김. 책세상, 2005.
- 베디에, 죠제프. 《트리스탄과 이즈》. 이형식 옮김. 궁리, 2001.
- Baumgartner, Emmanuèle. *Tristan et Iseut.* Ellipses, 2001.
- Bec, Pierre(éd.). *Anthologie des troubadours.* Unions Générale d'Éditions, 1979.
- Bédier, Joseph. *Le Roman de Tristan et Iseut.* H. Piazza, 1900.
- Bédier, Joseph. *Le Roman de Tristan et Iseut.* Texte intégral et dossier par Gabriella Parussa. Lecture d'image par Agnès Verlet. Gallimard, 2009.
- Béroul. *Tristan et Yseut.* Éd. par Daniel Poirion. Gallimard, 2000.
- Chrétien de Troyes. *Romans.* Éd. par J. M. Fritz et al. L.G.F., 1994.
- Lacroix, Daniel et Philippe Walter(éd). *Tristan et Iseut.* L.G.F., 1989.
- Lejeune, Rita. "L'allusion à Tristan chez le troubadour Cercamon." *Romania* 83.2(1962): 183-209.
- Marie de France. *Les Lais de Marie de France.* Éd. par Jean Rychner. Champion, 1983.
- Maupassant, Guy de. *Pierre et Jean.* Éd. par Bernard Pingaud. Gallimard, 1982.
- Paris, Gaston. "Études sur les romans de la Table Ronde. Lancelot du Lac: II Le conte de la Charrette." *Romania* 12(1883): 459-534.
- Racine. *Phèdre.* Éd. par Alain Viala. L.G.F., 1985.
- Rougemont, Denis de. *L'Amour et l'Occident.* Plon, 1972.
- Strowski, Fortunat. *La Sagesse française.* Plon, 1925.
- Thomas. *Le Roman de Tristan* suivi de *La Folie de Berne et La Folie Tristan d'Oxford.* Éd. par Emmanuèle Baumgartner et Ian Short. Champion, 2003.
- Tournier, Michel. *Le vol du vampire. Notes de lecture.* Gallimard, 1994.
- Villon. *Poésies.* Éd. par Jean Dufournet. Flammarion, 1992.

- Wolf, George and Roy Rosenstein(ed.). *The Poetry of Cercamon and Jaufre Rudel*. Garland, 1983.
- Zink, Michel. *Bienvenue au Moyen Âge*. Équateurs, 2015.

더 읽어보기

중세로 들어가는 길

고트프리트 폰 슈트라스부르크.《트리스탄》. 진일상 옮김. 지식을만드는지식, 2011.

2만여 행에 달하는 원문의 지극히 일부분만을 우리말로 옮긴 발췌 번역이지만, '트리스탄과 이졸데' 이야기를 독일 작가가 어떻게 받아들이고 다시 들려주는지를 확인해 볼 수 있는 작품이라는 점에서, 또 토마의 버전과 비교해 어떤 특징들이 발견되는지를 짚어볼 수 있다는 점에서 의의를 갖는다.

김준현·손주경.《낯선 시간의 매혹》. 고려대학교출판문화원, 2019.

중세 프랑스 시에 대한 국내 최초의 전문 연구서로, 1부 '중세' 편은 트루바두르와 사랑의 재발견, 바느질 노래와 여성의 기다림과 슬픔, 나병 시인 장 보델, 도시의 시인 뤼트뵈프와 가난의 시학, 15세기 시인 프랑수아 비용, 죽음의 춤 등으로 구성되어 있다. 중세 프랑스 문학에 대한 심화 학습에 유용할 것으로 생각된다.

드니 드 루즈몽.《사랑과 서구 문명》. 정장진 옮김. 한국문화사, 2013.

1950년대에 발간된 저서이지만 오늘날에도 여전히 '트리스탄과 이졸데' 이야기를 살펴보는 데 중요한 참고 자료의 하나라고 말할 수 있으며, '트리스탄과 이졸데' 이야기가 다양한 세기의 문학 작품들 안에서 어떻게 구현되고 변용되는지, 정념과 신비주의가 어떤 관계망을 형성하는지 등에 대한 소개 역시 독자들에게 시사하는 바가 크다.

미셸 쟁크.《중세, 사랑과 매혹의 노래》. 김준현 옮김. 고려대학교출판문화원, 2018.

세계적인 중세 프랑스 문학 연구자이자 아카데미 프랑세즈 회원인 저자가 라디오 프랑스의 종합 채널인 프랑스 앵테르(France Inter)에서 방송했던 짧은 원고들을 한 권의 책으로 묶은 것으로, 중세 프랑스 문학의 태동에서 중세 후기에 이르는 500년 동안의 여러 작가들과 작품들에 대한 압축적인 소개서인 동시에 중세 문학으로 한 걸음 더 다가갈 수 있도록 독자들을 초대하는 인상적인 글이다.

자클린 세르킬리니툴레.《멜랑콜리의 색깔들》. 김준현 옮김. 문학동네, 2012.

1300-1415년에 이르는 중세 후기 프랑스 문학의 흐름과 특징들을 멜랑콜리라는 관점을 통해 미세하게 살펴본 연구서로, 중세 전반과는 다른 미묘한 변화상들이 어떻게 만들어지며 어떤 의미를 갖는 것이었는지에 대해 숙고해 볼 기회를 제공해 준다.

《황금의 나귀/트리스탄과 이솔트》. 이가형 옮김, 한국출판사, 1982.

1920년대에 일본어 중역으로 독자들에게 소개되었던 두 차례의 번역을 제외한다면, 사실상 처음으로 일반 독자들이 읽을 수 있는 번역으로 제시되었다는 점에서 의의를 갖는다. '세계대표고전문학전집'이라는 총서에 수록되었던 만큼, 요즈음 다시 활성화되고 있는 '세계문학전집'과의 비교, 검토 차원에서도 시사하는 바가 클 것으로 생각된다.

사씨남정기

선과 악, 이념과 욕망의 서사 막장드라마의 기원을 찾아서

엄태웅

1 가문소설 〈사씨남정기〉와 작가 김만중

1.1 가문소설 〈사씨남정기〉

조선 후기 소설 〈사씨남정기〉에는 가문의 결연을 둘러싼 등장인물들의 선과 악, 이념과 욕망의 대립이 선명하게 그려진다. 이 글은 〈사씨남정기〉의 이러한 특징에 주목하여 조선 후기 소설에 나타난 사랑과 불륜의 양상은 어떠했는지 살펴보고자 한다. 아울러 소위 '막장드라마'라고 불리는 한국 드라마의 전형을 옛 소설에서도 찾아보고자 한다.

〈사씨남정기〉를 이해하기 위해서는 먼저 이 작품이 소설사적으로 어느 위치에 있는지 살펴볼 필요가 있다. 한국 고전소설의 역사에서 17세기는 소설 창작 및 향유 등 모든 측면에서 전환적인 시대였다고 할 수 있다. 다양한 하위 장르들이 출현하였고 각각의 하위 장르마다 많은 수의 작품이 창작·유통되기 시작했기 때문이다. 그래서 17세기를 '본격적인 소설의 시대'라고 일컫곤 한다.

이때 고전소설사의 전면에 부각되며 조선 후기 전반에 걸쳐 고전소설을 대표하는 하위 장르로 자리매김한 것 중 하나가 '가문소설'이다. 가문소설은 명칭에서 알 수 있듯 가문 내 혹은 가문 간에 벌어지는 사건을 주된 시사로 한다. 가문의 계승권을 둘러싼 갈등, 부부와 처첩 사이의 갈등, 혼사 문제로 인한 갈등 등이 구체적으로 서사화된다.

'가문소설'은 '장편가문소설'이라고 불리기도 하는데, 이에 해당하는 작품들이 대개는 상당한 분량이기 때문이다. 〈완월회맹연〉이라는 작품은 180권에 달하며 대하소설의 면모를 갖추고 있다. 또한 이들 작품 중에는 〈유효공선행록〉-〈유씨삼대록〉을 비롯하여 많은 수의 연작이 있다. 기존 작품의 모티프를 활용하여 새로운 작품을 창작한 것이다. 공동 창작도 빈번하게 이루어졌다. 한 편의 작품을 만들어가는 과정에 가족 구성원이나 친지, 지인 등이 함께 참여했음을 알려주는 기록들이 있다. 가문소설은 이렇듯 소설 창작 및 향유의 측면에서 상당한 변화를 견인하였다.

소설이 길어지고 연작이 만들어졌다는 것은 곧 서사 구조가 복잡해지고 정교해졌음을 의미한다. 공동 창작은 순수문학적 관점에서는 창작의 독자성이나 개성을 훼손한 것으로 볼 수 있지만, 고전소설의 공동 창작을 그러한 관점에서 바라보는 것은 당시 문화에 대한 몰이해라 할 수 있다. 이 당시 공동 창작은 오히려 소수의 작가만이 아니라 다수의 향유층이 적극적으로 소설 창작에 참여한 흔적으로 봐야 한다. 고전소설 향유층이 작품의 수용과 생산 모두에 큰 영향을 끼치며 능동적 소설 향유 문화를 견인했다고 볼 수 있다.

한편 가문소설은 향유층의 교양 독서물로서 기능하기도 했다. 주지하듯 대개 가문소설은 조선 사회를 지탱하던 가부장제 이데올로기나 중화주의를 밑바탕에 깔고 있다. 작품에 등장하는 주요한 역사적 사실, 역사적 인물 그리고 전고(典故) 등을 통해 당대의 교양 지식을 어느 정도 익힐 수 있었다. 가문소설은 주로 상층 여성들이 향유했는데, 이들은 혼인을 할 때 혼수의 일종으로 남편의 집안에 가문소설을 보내곤 했다. 이는 시어머니를 비롯한 시가(媤家) 구성원들에게 읽을거리를 선물하는 것이기도 하면서, 한편으로는 본인이 친가(親家)에서 소설책을 통해 교양을 쌓았음을 증명하는 것이기도 하다.

이렇듯 가문소설은 조선 후기 소설 향유 문화의 진전을 가져왔다. 여성들이 복잡하고 정교한, 더구나 책으로 간행된 이야기를 향유하는 것이 일반화되었는데 이때가 전근대 시기라는 점을 감안하면 이는 대단한 문화적 현상이 아닐 수 없다. 그리고 소설 향유를 통해 교양의 수준이 높일 수 있었다. 우리가 이 글을 통해 살펴보고자 하는 〈사씨남정기〉는 바로 가문소설의 출발을 알리는 작품이라고 할 수 있다. 고전소설은 대개 창작 시기를 정확히 알기 어렵다. 작가가 서지 정보를 정확히 남기는 경우가 드물 뿐 아니라, 여러 사람에 의해 필사되어 전승되는 고전소설의 특성상 작가가 누구인지 밝혀진 작품이 아니면 남은 이본만으로 창작 시기를 가늠하기란 거의 불가능한 일이기 때문이다. 그런데 〈사씨남정기〉는 작가에 대한 기록이 존재한다. 서포 김만중(金萬重, 1637-1692)이 그 주인공이다. 작가를 통해 〈사씨남정기〉에 한 발 더 가까이 가보도록 하겠다.

1.2

작가 김만중

〈사씨남정기〉의 작가 김만중은 한국 고전소설의 또 다른 대표작 〈구운몽〉의 작가이기도 하다. 양반 사대부 남성이 고전소설을 여러 편 창작한 경우는 드물다는 점에서 김만중은 소설에 대해 남다른 인식을 갖고 있었을 것이며 이를 작품 창작에 반영하였으리라 생각해 볼 수 있다. 과연 그는 어떤 생각을 갖고 있었던 인물일까? 그의 발언을 통해 가늠해 보자.

> 《동파지림》에 이르기를, "골목집에서 아이들이 천박하고 용렬하여 그 집이 골치가 아프면, 돈을 주어 모여서 옛날 이야기를 듣게 한다. 삼국(三國)의 일을 이야기할 때 '유비'가 패한다는 말을 들으면 아이들은 얼굴을 찡그리며 때로는 눈물을 흘리기도 하고, '조조'가 패한다는 말을 들으면 기뻐서 즐겁다고 소리치기도 한다." 하였다. 이것이 '나관중'의 《삼국지연의》의 시원일 것이다. 이제 '진수'의 정사 《삼국지》나 '사마광'의 《자치통감》을 가지고 여러 사람을 모아 놓고 이야기하여도 눈물 흘리는 사람은 없을 것이다. 이것이 통속소설을 짓는 까닭이다. (김만중 2010)

김만중은 《서포만필》에서 통속소설이 성행하는 이유에 대해 위와 같이 논설하고 있다. 한마디로 말해 '소설'이 주는 '감동'의 효과를 인정하고 있는데, 김만중이 사대부 남성이라는 점에서 상당한 주목을 요한다. 잘 알려진 것처럼 조선 시대 양반 사대부는 실제 '역사'를 중시했으며, '소설'과 같은 허구적인 이야기를 인정하지 않았다. 그런데 김만중은 소설의 가치를 인정하고, 더 나아가 그것을 통해 감동을 얻을 수 있음을 강조하고 있다.

아래의 인용문도 그의 신분과 위치를 고려하면 굉장히 놀라운 인식이라 할 수 있다.

> 사람의 마음이 입으로 표현된 것이 말이요, 말의 가락이 있는 것이 시가문부(詩歌文賦)이다. 사방의 말이 비록 같지 않더라도 사람이 각각 그 말에 따라서 가락을 맞춘다면, 다같이 천지를 감동시키고 귀신을 통할 수가 있는 것은 유독 중국만 그런 것은 아니다.
>
> 지금 우리나라의 시문은 자기 말을 버려두고 다른 나라 말을 배워서 표현한 것이니, 설사 아주 비슷하다 하더라도 이는 단지 앵무새가 사람의 말을 하는 것이다. 여염집 골목길에서 나무꾼이나 물 긷는 아낙네들이 '에야디야' 하며 서로 주고받는 노래가 비록 저속하다 하여도 그 진가(眞假)를 따진다면 사대부의 시부(詩賦) 따위와는 결코 같이 말할 수 없는 것이다. (김만중 2010)

김만중을 설명할 때 빠지지 않고 등장하는 이 글은, 나무꾼이나 아낙네가 부르는 노래가 사대부의 시부(詩賦)와는 비교도 할 수 없을 만큼의 가치

《사씨남정기》 표지

를 지닌다는 내용을 담고 있다. 언문(諺文)과 구비문학에 대한 긍정적인 인식은 사대부 남성에게서 찾아보기 힘든 것이다.

소설적 감동, 언문과 구비문학의 가치를 긍정한 김만중은 한편으로 어머니를 사랑한 아들이었다. 김만중은 유복자로 태어났기 때문에 어머니와의 관계가 돈독하였는데, 김만중이 소설 창작을 한 데에는 어머니라는 존재가 크게 작용했을 것이라는 의견이 지배적이다. 〈사씨남정기〉가 가문 내 여성들을 주인공으로 삼았다는 점에서도 이를 유추해 볼 수 있다.

지금까지 〈사씨남정기〉의 장르적 위치와 작가 김만중의 특징에 대해 살펴보았다. 이 작품은 새롭게 형성되어 가던 장르의 맨 앞에 놓여있다. 김만중은 여느 사대부 남성이 지니지 못한 인식적 지평을 보여주었다. 작품도 작가도 독특한 개성을 품고 있는 것이다. 이러한 정보를 전제로 작품을 감상해 보도록 하자.

2 통속적인 선악의 대립 구도

2.1 악인이 본격적으로 등장하는 첫 작품

〈사씨남정기〉가 선악의 대립이 명확한 작품이라는 사실은 이미 잘 알려져 있다. 그런데 〈사씨남정기〉가 한국 고전소설사에서 악인이 본격적으로 등장하는 첫 번째 작품이라는 사실은 의외로 많이 알려지지 않았다. 이 작품에는, 어쩌면 저렇게 미련하게 착한 캐릭터를 유지할 수 있을까 싶은 '사씨'와 인간이면서 어떻게 저럴 수 있을까 싶은 '교씨'가 등장하여 선악의 가치 판단에 대한 고민을 처음부터 막아버린다. 그리고 독자가 쉽게 예상할 수 있듯 결과적으로 착한 인물인 '사씨'가 선인으로서 그 존재를 인정받게 되며 악한 인물인 '교씨'는 응분의 대가를 받게 된다. 결론은 이렇게

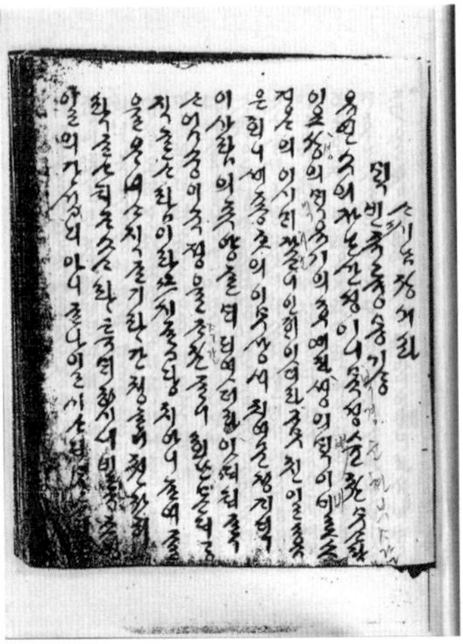

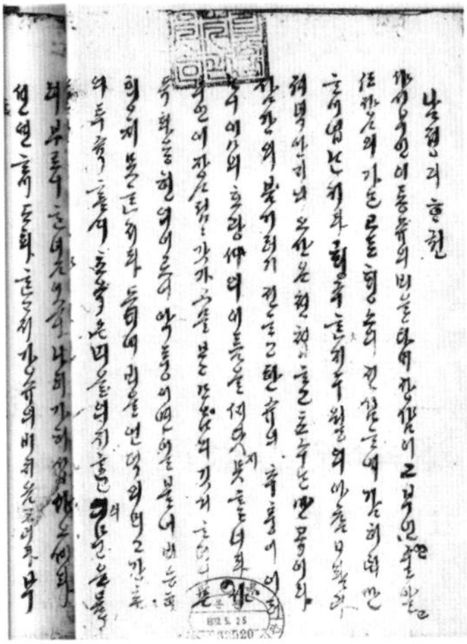

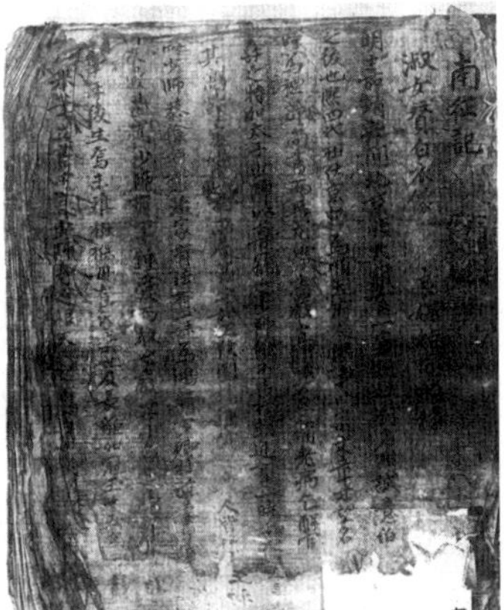

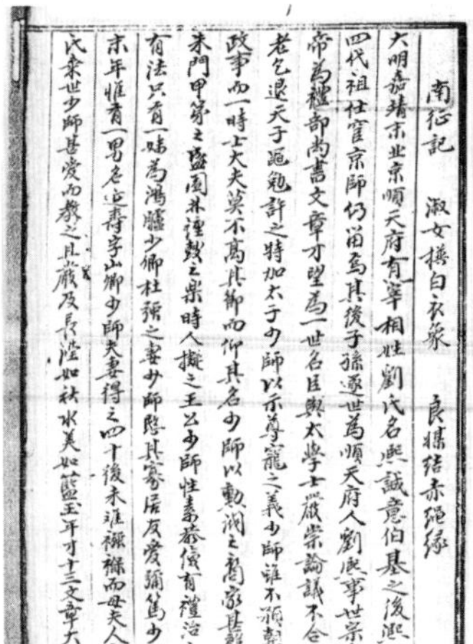

《사씨남정기》 한글본과 한문본. 이 작품은 다양한 이본이 만들어지며 널리 향유되었다.

쉽게 예상되면서도, 아니 그렇게 쉽게 예상이 되기 때문에 작품을 읽기 시작하면서 곧바로 두 인물이 실제로 어떤 차이를 보이는지는 궁금해진다.

사씨는 본처이며 매우 아름다운 인물이다. 사씨는 외모만 아름다운 것이 아니라 내면도 아름답다. 작품에서 그녀의 현숙한 성품이 여러 차례 강조된다. 가문 내에서도 그녀의 성품에 맞게 자신의 안위보다는 시가(媤家)의 안정과 번영을 우선시한다. 반면 교씨는 첩이다. 그녀는 아름다운 외모를 지녔지만, 그의 성품도 아름다운 것은 아니다. 그녀는 첩이 신분적으로 낮은 지위임을 알면서도, 재상가의 첩이 되어 부와 명예를 누리는 길을 택하려 한다. 자신의 외모를 활용하여 부귀영화를 누리는 삶을 살고자 하는 인물이다.

이들이 처와 첩의 관계가 된 데에는 사씨의 판단이 크게 작용했다. 사씨가 본처임에도 가문의 계승자인 아들을 낳지 못한 상태가 오랜 기간 지속되었고, 이에 오히려 사씨가 남편인 유연수에게 첩을 들일 것을 제안하는데, 아예 적임자로 교씨를 추천한 것이다. 현재의 관점으로는 납득하기 어려운 행동이지만, 가부장의 계승을 중시하는 당대의 분위기에서는 칭송받을 행동이었을 것이다. 유연수는 처음에 반대하였으나 사씨가 간곡히 부탁을 하여 결국 사씨의 제안을 수락한다.

처음에는 사씨와 교씨의 관계가 좋았다. 사씨는 아들을 낳아줄 첩을 필요로 했고, 교씨는 첩이라 하더라도 재상가의 일원이 되고 싶었다. 이해관계의 측면에서 둘은 잘 맞아떨어졌다. 서로에게 필요한 존재였던 것이다.

2.2

갈등의 시작과 '사씨'의 고난

그러나 그렇게 원만한 관계로 이야기가 끝날 리가 없다. 이제부터 갈등이 시작된다. 사씨에게서 임신 소식이 들려온 것이다.

> 교씨가 가만히 생각했다.
> '만약 사씨가 아들을 갖는다면 내 아들은 무색해질 테지. 좋은 계책이 없을까?'

교씨에게 아들은 가문 내에서 자신의 존재 이유를 증명해 주는 존재이다. 그녀는 유씨 가문의 일원이 되면서 오로지 아들을 낳아야 한다는 생각뿐이었을 것이다. 현재 관점에서는 매우 서글픈 일이지만, 그녀는 자식 특히 아들을 낳아주는 조건으로 유씨 가문에 들어갈 수 있었기 때문이다. 이런 정황은 본인이 아들을 낳을 때 뱃속 아이의 성별을 바꾸는 술법까지 쓴 것에서도 확인할 수 있다. 그녀의 목표는 명확했고 유일했다.

이런 그녀에게 사씨의 임신 소식은 그 자체로 엄청난 충격이었을 것이다. 사씨에게서 아들이 태어날 가능성은 확률적으로는 50%였지만, 교씨에게는 100% 혹은 그 이상으로 받아들여졌을 것이다. 만에 하나 사씨 소생의 아들이 태어난다면 교씨와 교씨의 아들은 이 가문에서 아무런 존재 이유를 찾을 수 없기 때문이다.

그래서 교씨는 애초에 그 가능성을 잘라버리려 한다. 임신한 사씨의 건강을 걱정하는 척하며 사씨에게 탕약을 건네면서 그 속에 낙태시키는 약을 탄 것이다. 이 계책은 결국 실패로 돌아갔지만, 이 사건을 통해 교씨가 사씨의 아들 출산을 얼마나 경계하는지 알 수 있다. 그리고 사씨가 아들을 낳게 되면 교씨가 사씨와 그 아들에게 어떠한 위해를 가할 것인지 짐작하고도 남음이 있다.

실제로 작품에서 사씨는 무사히 출산을 하게 되고, 아이의 성별은 남자임이 확인된다. 운명의 장난 같은 일이 벌어진 것이다. 아들을 낳아줄 것을 부탁하며 교씨를 집안에 데려온, 임신을 하지 못하던 사씨가 아이를 낳았고 더구나 아들을 낳았기 때문이다.

사씨가 아들 인아를 낳자, 예상했던 것처럼 교씨는 사씨와 그 아들을 어떻게 가문에서 축출할 수 있을까 고민한다. 문제는 교씨 한 사람의 힘으로는 그들을 없애기 어렵다는 점이었다. 그래서 교씨는 도움을 필요로 하게 되는데, 이때 새로운 문제가 파생된다. 교씨가 도움을 받게 되는 인물은 가문의 서기인 '동청'인데, 이 인물이 전반적으로 품행이 좋지 못했으며 특히 여성 편력이 심했다. 교씨는 그런 동청과 범행을 모의하는 한편 불륜 관계가 된다. 문제는 교씨 또한 그러한 관계를 싫어하지 않는다는 점이다. 사건이 전개될수록 악인의 형상이 보다 극단으로 치닫는 것이다.

> 시비 납매가 교씨의 귀에 대고 몰래 동청의 말을 전하니 교씨가 웃고 대답하지 않았다.

위 인용문에서 확인할 수 있듯, 이들은 서로 묘한 감정을 즐기면서 다른 한편으로는 사씨와 그 아들을 집안에서 쫓아내기 위해 노력한다. 결국 사씨는 교씨와 그 주변 인물들의 흉계로 인해 집에서 쫓겨나게 된다.

유연수가 어사를 맡아 집을 비우고 사씨가 위중한 친정어머니를 뵈러 떠나자, 동청이 자신의 심복과 같은 벗 '냉진'과 거짓말을 꾸민다. 냉진과 사씨가 과거에 사랑하는 사이였다는 것이다. 이 거짓말을 유연수가 듣게 하여 사씨를 의심하게 만든다.

또한 사씨를 아끼는 고모님 '두 부인'이 집을 비우자 동청이 교씨에게 매우 충격적인 제안을 한다. 교씨의 첫째 아들을 죽이고 사씨에게 누명을 씌우자는 것이다. 교씨도 인간인지라 이러한 제안에 선뜻 동의하지 못한다. 그러나 결국 동청의 명령으로 시비 납매에 의해 사건이 실행되고 만다.

교씨가 어쩔 수 없는 상황에서 아들이 죽음에 이르렀기 때문에 이 상황에 대해 교씨의 잘잘못을 따지기는 어렵다. 문제는 그 다음 행동에 있다. 교씨는 자식을 잃어 슬퍼하면서도, 이미 자식은 죽었기 때문에 현재 상황에서는 그 죽음을 활용하여 계책을 꼭 성공시켜야만 한다는 생각밖에 하지 않는다. 자신이 세운 목표를 달성하기 위해 아들의 목숨을 이용하는 인물. 교씨는 더 이상 잃을 것이 없는 사람처럼, 자신의 인생에서 가장 최후의 수단을 썼다.

그래서일까. 사씨는 결백을 주장했지만 받아들이기 어려웠다. 그 누구도 친부모가 친자식을 죽이는 데 가담했으리라고는 생각하지 않기 때문이다. 교씨는 인간의 상식적인 윤리적 가치를 넘어선 행동을 했기 때문에 협의 밖에 있을 수 있었고, 결국 사씨는 쫓겨나게 된다.

> "호랑이도 자기 자식을 사랑하는데 사람이 돼서 어찌 자식을 죽이겠어요? 당신 의도를 보니, 이는 분명 다른 아이를 죽이고 자기 자식만 보호하려는 계책이에요."

사씨가 쫓겨나고 난 뒤 교씨와 동청의 관계는 더욱 깊어진다. 급기야 교씨가 남편인 유연수의 아이가 아닌 동청의 아이를 낳게 된다. 위 인용문은 교씨의 발언인데, 동청이 교씨의 첫째 아들 즉 유연수와 교씨 사이에서 낳은 아들을 죽이자고 쉽게 말한 것은 아마도 자신과 교씨 사이에서 낳은 아들을 보호하려는 것이 아니냐고 말한다. 교씨와 동청은 둘 사이에서 아이까지 낳으며 갈등 상황을 더욱 복잡하게 만들었고, 이는 그 결론이 어느 쪽의 파국으로 끝날 것을 예상케 한다.

2.3

'사씨'의 회생과 '교씨'의 횡포 심화

사씨가 집에서 쫓겨나고 찾은 곳은 다름 아닌 시아버지의 무덤이었다. 요즘의 상식으로는 친정에 가거나 혼자 지낼 법하지만 사씨는 그 대신 시아버지의 무덤을 택한다. 가부장제 윤리 속 부녀사의 형상을 그대로 보여주는 것이다.

이때 교씨 일당은 냉진과 사씨를 억지로 맺어주기 위해 사씨에게 마치 두 부인이 쓴 것처럼 편지를 위조하여 보내게 된다. 사씨는 다소 어리둥절한 반응을 보이면서도, 자신을 아껴주는 두 부인이 보낸 편지이기에 크게 의심하지 않는다. 그러나 사씨의 꿈에 시부모가 나타나 편지가 위조된 것임을 암시해 주고, 사씨는 꿈속 메시지를 통해 이 편지가 위조된 것임을 확신할 수 있는 단서를 찾게 된다. 그리고는 역시 꿈속에서 시부모가 암시한 내용에 따라 남쪽으로 떠나게 된다. 동청과 냉진은 사씨가 자신들의 뜻대로 움직여 주지 않자 급기야 그녀를 없애기로 마음 먹는다.

사씨가 남쪽으로 가는 길은 순탄치 않았다. 사씨가 강물에 뛰어들어 세상을 뜨려 하자 이번엔 꿈속에서 요 임금의 두 딸이자 순 임금의 두 명의 부인인 '아황, 여영'이 나타나 사씨를 설득하게 된다. 그리고 꿈에서 깨어나자 아황과 여영의 사당인 '황릉묘'를 발견하게 된다. 그리고 이 과정을 통해 유연수와 사씨의 혼인을 도왔던 여승(女僧) 묘희를 만나게 된다. 이번에도 역시 꿈속 체험을 통해 절망에 빠져있던 사씨가 구원의 존재를 만난 것이다.

이처럼 사씨는 교씨 일당의 계속된 위협에 시달리는 한편 꿈속 계시를 통해 그 위협으로부터 벗어날 수 있게 된다. 목숨이 달아날 지경에 이르렀던 사씨가 여러 차례 회생의 경험을 하게 되는 것이다.

한편 교씨와 동청은 집안에 사씨가 사라지자 마치 자기 세상을 만난 것처럼 마음대로 위력을 행사하고 불륜을 노골화하였다. 가혹한 형벌로 집안의 아랫사람들을 다스렸으며, 유연수가 숙직하는 날이면 아예 드러내놓고 동청을 잠자리로 불러들였다. 이에 집안 사람들이 교씨와 동청의 관계를 문제 삼는 듯하자 급기야는 유연수를 집안에서 내쫓을 계책을 고민하게 된다.

이에 동청이 당시 정치권 실세였던 '엄숭'의 편에 서서 유연수를 모함하고, 유연수를 경쟁자로 인식했던 엄숭은 이 기회를 활용하여 유연수를 유배 보낸다. 동청은 이를 공로로 인정받아 높은 벼슬에 오르기까지 한다. 이제 집안에서 교씨와 동청을 건드릴 사람은 없어졌고, 결국 이들은 사씨의 아들인 인아를 죽이라고 명령한다. 자신들의 목표를 이루는 데 방해가 되는 인물들을 계속해서 제거해 나가며 집안의 부(富)와 정치적 권력을 모두 갖게 되는 것이다.

여기서 포착되는 중요한 특징이 있다. 〈사씨남정기〉를 비롯한 가문소설의 경우 가문 내의 문제가 정치적인 문제에 영향을 준다는 점이다. 그래서 가문 내 선악의 구도 또한 정치적 구도의 변화에 영향을 끼친다. 동청이 유연수를 모함하고 자신이 정치적으로 성장하는 것이 그 예라 할 수 있다. 동청은 교씨와 평생을 함께할 방법을 고민하다가 우연히 유연수가 쓴 엄숭을 비판하는 내용의 시를 발견하게 된다. 동청은 이 시를 엄숭에게 들고가 보여주고, 이로 인해 유연수가 정치적 위기를 맞게 된다. 교씨와 동청의 관계는 좁게 보면 남녀 관계이지만 기본적으로는 집안 내의 문제이며 선악 구도의 관계 속에서 이해된다. 거기에서 촉발된 갈등을 정치적 권력을 이용하여 해결한 것이다. 집안, 가문의 갈등이 지닌 에너지가 커서 외부의 갈등을 가문 내의 갈등으로 끌어들일 정도인 것이다. 이는 가문소설의 서사적 특징이라 할 수 있는데, 〈사씨남정기〉에서도 역시 그러한 모습을 보여준다.

2.4

악인의 몰락과 선인의 위상 회복

이 작품은 매우 극단적으로 선인을 선인답게 악인을 악인답게 형상화함으로써 선악의 구도를 필요 이상으로 명확하게 하는 측면이 있다. 이는 통속적인 서사가 보여주는 선악의 대립 구도라 할 수 있는데, 그렇기에 이 극단적인 대립은 결국 다시금 선인이 자신의 존재 가치를 인정받는 것으로 귀결된다.

동청 일당에게 쫓기던 유연수는 사씨와 극적으로 상봉하게 되는 한편, 실체가 드러난 엄숭이 처형되기에 이르고 그를 따랐던 동청과 냉진도 차례로 처단된다. 교씨는 낙양 땅에서 창기로 타락한 채 지내다 그녀를 발견한 유연수에 의해 처단된다. 한편 죽은 줄 알았던 아들 인아와도 극적으로 상봉하게 된다.

작품은 이렇듯 독자들이 예상 가능한, 권선징악의 결말을 선택한다. 그러나 명확하다 못해 극단적이기까지 한 선악의 대립 구도를 설정하여 위기와 그 위기의 해소를 반복함으로써 서사적 진폭을 확대하여 독자들의 관심을 유발하였다. 더구나 가문 혹은 집안의 문제는 그 구체적 양상이 다를 뿐 당시 사람들 누구나 경험할 법한 소재이다. 이러한 소재적 공감은 더 나아가 주제적 공감까지 이끌어내어 독자들의 눈과 귀를 사로잡았을 것이다.

이 장의 모두에서 언급한 것처럼 〈사씨남정기〉는 한국 고전소설사에서 선악의 대립 구도 속 악인의 형상이 처음 등장하는 작품이다. 그럼에도 악인의 형상이 매우 전형화되어서 그 설정이 낯설게 느껴지지 않을 정도이다. 작품 속 선악의 구도가 이 작품에서 갑자기 튀어나온 것이 아니라면, 이제는 사라져버려 그 모습을 확인할 수 없는 여러 작품을 거치며 선악 구도의 서사가 자리를 잡게 된 것은 아닐까 상상해 볼 수 있다. 여하간 이 작품은 통속적 선악 구도를 설정한 초기 작품이면서도 비교적 높은 완성도를 보여주었다고 할 수 있다. 이러한 맥락 속에서 작품의 시사 구조에 대해 이해하고 평가할 필요가 있다.

3 개인적 부/도덕과 이념적 횡포의 공존

그런데 과연 이 작품을 통속적인 선악의 구도 속에서 선인의 궁극적 승리로 끝나는 것에만 초점을 맞춰 이해하고 감상하는 것이 전부였을까? 〈사씨남정기〉의 이본이 수백 종에 이를 정도로 많다는 점을 감안할 때, 한편으로는 이 작품이 전형화된 선악 구도를 중심으로 오랜 기간 꾸준히 대중들에게 향유되었음을 짐작할 수 있으며, 다른 한편으로는 그렇게 오랜 기간 향유될 수 있었던 또 다른 이유가 있지 않을까 예상해 볼 수 있다.

그 단서는 역시나 선악 구도에서 찾을 수 있다. 앞서 소재적 공감이 주제적 공감으로까지 나아간다고 언급했는데, 과연 그 공감은 어디까지 이루어졌을까? 작품을 끝까지 감상하고 나면 등장인물의 개인적 부/도덕, 즉 선인의 인간됨이나 악인의 비인간적 면모를 머릿속에 각인하면서도 다른 한편으로는 이들을 이렇게 양극단으로 몰고 갔던 당시의 사회적 맥락에 대해 의심하지 않을 수 없게 된다.

벌열 가문의 며느리로 들어가면 가문의 계승을 위해 자신을 희생하는 것이 마땅하며, 가문의 계승이라는 목표를 이루기 위해 아들을 낳아줄 사람들 첩으로 들이는 것이 전혀 낯설지 않게 등장하는 모습을 통해 요즘 독자들뿐만 아니라 과거 독자들도 그들의 기구한 운명에 귀 기울이게 되었을 것이다. 개인의 행위를 강제하는 이념의 횡포를 인식하게 되는 것이다.

문제의 원인을 등장인물 각각에서 찾지 않고, 등장인물을 그렇게 만든 이념적 상황과 결부해 보면 선악의 구도는 그렇게 단순하게 정리되지 않는다. 선인인 사씨에게도 원망의 마음이 들 수 있고 악인인 교씨에게도 동정의 마음이 생길 수 있다.

3.1

안타까우면서도 이해하기 어려운 면이 있는 '사씨'

앞서 잠깐 언급했지만, 교씨를 첩으로 들이자는 제안을 한 것은 유연수가 아니라 사씨였다. 이러한 선택을 하게 된 근본적인 이유는 결혼한 여자에게 가문을 이을 아들을 낳을 것을 강요하고 아들을 낳지 못했을 경우 그에 대한 전적인 책임을 지우는 당대의 이념적 현실 때문이다. 그런데 유연수와 사씨 사이에서는 그와 같은 이념적 현실이 강하게 작동하지 않았다. 사씨는 첩을 들여서라도 아들을 낳아야 한다고 생각했지만 오히려 유연수는 그 문제에 큰 관심이 없어 보인다.

사씨는 나이가 스물셋으로 결혼한 지 십 년이 다 되어갔으나 자식이 없었다. 마음으로 몹시 걱정하며 자신은 기질이 허약해 자식을 낳을 수 없을 것이라고 생각했다. 조용한 때 한림에게 첩을 들이라고 힘써 권하니 한림은 진심이 아니라고 생각해 웃고 대답하지 않았다.

인용문에서 확인할 수 있듯 사씨는 유연수에게 첩을 들이라고 힘써 권하지만 유연수는 그 말이 진심이 아니라고 생각해 웃고 대답하지 않는다. 유연수가 첩을 마다하는 행동이 그저 형식적인 태도가 아니었음을 알 수 있는 대목이다. 남편이 첩에 큰 관심이 없었음에도 굳이 교씨를 추천하여 혼인에 이르게 하고 아들을 낳게 한 장본인이 바로 사씨이다.

이러한 행동을 통해 사씨의 시선과 문제의식이 어디를 향해 있는지 알 수 있다. 그녀는 유씨 가문의 구성원으로서 그들과 어떻게 하면 행복하게 지낼 수 있을까를 고민하기보다는 어떻게 하면 가부장의 며느리이자 아내로서 그 책임과 도리를 다할 수 있을까를 고민한다. 시가에서 쫓겨난 며느리가 시아버지의 무덤 곁으로 가는 것에서도, 꿈속에서 시부모가 그리고 아황과 여영이 나타난 것에서도 이러한 특징을 동일하게 확인할 수 있다.

원래 그런 캐릭터이니 여기까지는 이해할 수 있다. 그런데 사씨의 문제의식은 교씨의 실체가 드러난 뒤에도 크게 달라지지 않는다. 교씨가 처단이 된 뒤에도 사씨는 남아있는 사람들의 행복을 기원하기보다는 가부장제하에서 자신의 역할부터 생각한다.

> "제[사씨]가 지난번에 사람을 잘못 천거해 상공의 집안일이 크게 어긋났지요. 지금도 생각하면 모골이 송연합니다. 그러나 지금의 일은 지난번과 아주 다릅니다. 첩의 나이가 이미 마흔이 되었고 단산(斷産)한 지 이미 십 년이 지났으니 결코 다시 아이를 바랄 수 없습니다. 어찌 한번 목이 멘다고 먹기를 그만두겠습니까? 상공께서는 어찌 이를 생각하지 않으시는지요?"

첩을 새로 들이는 것을 '어찌 한번 목이 멘다고 먹기를 그만두겠습니까'라고 표현하고 있다. 가부장제를 계승하기 위해서는 첩을 들이는 것이 선택이 아니라 필수라고 보고 있다. 그리고 첩이 문제가 되더라도, 첩을 들여서 아들을 꼭 낳아야 한다는 태도를 드러낸다.

이러한 태도는 교씨의 잘못을 따지는 상황에서도 작동한다. 그녀는 모든 잘못이 탄로 난 교씨를 향해 다음과 같이 말한다.

> 사씨가 교씨에게 말했다.
>
> "네가 나를 해치려 한 것은 잊을 수 있다. 하지만 조상과 상공께 죄를 지은 것은 나 역시 구하기 어렵구나."

사씨는 교씨에게 그녀의 잘못 중 본인을 해치려 한 것은 잊을 수 있다고 말한다. 그러나 조상과 남편에게 죄를 지은 것은 용서하지 못한다고 말한다. 만약 이 발언 하나만 놓고 본다면, 이 말을 그저 의례적인 표현이라 생각할 수 있다. 하지만 앞서 사씨가 보여줬던 모습들을 통해 이 말이 진심임을 알 수 있다.

그녀가 시련을 겪는 과정에서 보여준 모습은 읽는 이로 하여금 연민의 감정을 들게 하고 자연스레 슬픔을 유발하였을 것이다. 더불어 한없이 착하기만 한 그녀의 모습을 보며 그녀가 한 번쯤은 욕심을 부리고 악한 행동을 해도 용서할 수 있다는 마음을 갖게 했을 것이다.

그런데 어찌 보면 사씨는 이러한 독자들의 반응과 맞지 않는 신호를 계속해서 보내고 있다. 독자들은 사씨의 행동을 보면서 나 또한 이념적으로 그녀와 같은 인식을 갖고 있어야겠다는 다짐을 하면서도 한편으로는 그녀가 악인인 교씨에게 통쾌하게 복수하는 모습을 기대했을 것이다. 그리니 사씨는 시종일관 자신의 뜻을 일관되게 실천하기만 했다.

요컨대 사씨는 개인적 도덕을 수호하는 존재이면서도 이념의 횡포에 의해 타자의 시선으로 자신의 욕망의 기준을 만들어갔다. 그런데 타자화된 욕망이 지나치다 보니 그 안에 나의 개인적 욕망은 전혀 자리 잡고 있지 않다. 그래서 그녀를 보면서 안타까운 감정이 들면서도 그녀가 완벽히 이해되는 것은 아닌 지점이 생기게 된다. 사씨의 행동을 무조건 착하다고, 옳다고만 할 수 없는 이유가 여기에 있다.

3.2

화가 나면서도 이해되는 면이 있는 '교씨'

이 글을 통해 이미 확인한 것처럼, 교씨가 유연수의 집안 구성원이 된 이유는 가문을 계승할 아들을 낳기 위해서였다. 한 인간, 특히 여성이 한 가문의 목적을 달성하기 위한 수단으로 선택되었다는 것이 현재의 관점에서는 상상하기 어려운 일이지만, 어쨌든 당시의 맥락에서 보면 교씨는 이러한 제안을 흔쾌히 받아들였다. 그리고 첩이 된 뒤에는 유씨 가문의 구성원으로서 자신이 할 수 있는 노력을 경주하였다. 첩이라는 자신의 처지를 넘어서고자 욕심을 부렸던 것도 아니다. 아래의 인용문이 이를 잘 보여준다.

> 교씨는 재바르고 총명해 한림의 뜻을 잘 받들고 마음을 다해 사씨를 섬기니 집안의 모든 사람 중 기뻐하지 않는 이가 없었다.

"내[교씨]가 용모와 자태에서 사씨와 짝할 수 없고 솜씨 또한 저에게 미치지 못하지. 게다가 처와 첩이라는 차이마저 있어."

위는 서술자의 서술이고 아래는 교씨의 발언이다. 교씨는 처음에 유씨 가문에 들어와서 유연수의 뜻을 잘 받들었으며 진심으로 사씨를 섬겼다. 자신의 처지에 맞는 행동을 한 것이다. 그래서 집안 사람들 중에 기뻐하지 않는 이가 없었던 것이다. 이러한 행동이 그저 겉으로만 보이는 태도가 아님은 아래의 발언을 통해서 확인할 수 있다. 교씨는 자신의 용모와 자태가 사씨에 미치지 못함을 잘 알고 있다. 더구나 처와 첩이라는 근본적인 차이가 있다는 사실도 충분히 인지하고 있다.

이러던 교씨가 왜 나중엔 그렇게 간악한 존재가 되었을까? 바로 사씨에게서 아들이 태어났기 때문이다. 사씨가 아들을 낳음으로써 이 집안에서 자신의 존재가 부정당할까 봐 두려워하게 된 것이다. 바로 위 인용문과 이어지는 내용을 살펴보자.

"다만 나에게는 아들이 있고, 저는 아들이 없어서 내가 상공의 공경을 받았지. 허나 이제 저가 아들 인아를 낳았으니 장차 그 아이가 이 집 주인이 될 것이야. 이제 내 아이는 어디에 쓰겠어? … 한림의 마음이 사씨에게 두텁게 치우쳤으니, 나의 앞길을 어찌 걱정하지 않겠어?"

교씨는 자신이 유연수로부터 인정받을 수 있었던 이유를 아들에서 찾고 있다. 교씨가 유연수의 집안에 들어오게 된 이유를 생각해 보면 너무나 당연한 인식이다. 따라서 사씨에게서 아들이 태어남으로써 그러한 자신의 위치에 큰 위협이 될 것임을 짐작하는 것 또한 마찬가지 맥락에서 이해할 수 있다.

존재의 이유에 대해 의심을 받았다는 것은 극단적인 처지로 몰렸다는 것을 의미한다. 대개의 평범한 인간이라면 자신이 어려운 처지에 놓였을 때 사씨처럼 의연하게 행동하기보다는 교씨처럼 수단과 방법을 가리지 않고 상황을 극복하려 했을 것이다, 물론 교씨처럼 상상을 초월할 정도는 아니겠지만. 수단과 방법을 가리지 않는 정도가 심한 것은 앞서 살펴본 것처럼 이 작품이 통속적인 선악의 구도를 명확히 하기 때문이라고 볼 때, 어쨌든 교씨처럼 걱정과 두려움이 앞서는 것이 정상이다.

교씨가 계림에 온 지 얼마 되지 않아 아들 봉추가 풍토에 적응하지 못해 병들어 죽었다. 납매는 동청의 예쁨을 받아 임신하게 되었다. 교씨가 질투를 이기지 못해 동청이 외지에 간 틈을 타 모래 부대로 납매를 눌러 죽였다.

계림은 큰 고을이어서 관아에서 처리할 일이 매우 많았다. 동청이 영내 고을을 순행하느라 관아에 있는 날이 아주 적었다. 그 틈을 타 냉진이 마침내 교씨와 사통하니 마치 동청이 유한림[유연수] 집에 있으면서 교씨와 사통할 때와 같았다.

교씨는 가부장제 내에서 자신의 역할에 충실하고자 했지만, 우연한 계기에 의해 자신의 존재가 부정당할 수 있음을 느끼고 그 이후부터 급격하게 변하기 시작한다. 그래서 위 인용문들에서 보는 것처럼 자신의 존재를 부정당하는 상황이 오지 않도록 극단적인 선택들을 서슴지 않고 자행한다. 자신의 아들이 죽고, 동청이 납매와 깊은 관계가 되어 임신을 하자, 교씨는 납매에게 엄청난 질투심을 느끼며 납매를 죽음에 이르게 한다. 한편 자신의 존재를 인정해 주는 사람이라면 그가 어떤 사람이든 상관 않고 그에게 집중한다. 동청과 불륜을 저지른 것도 모자라서 동청의 친구인 냉진과도 사통하는 사이가 된 것을 통해 이를 알 수 있다.

현상적으로만 보면 교씨의 행동은 그 자체로 비판받아 마땅하다. 그러나 교씨가 이렇게 나락으로 떨어지게 된 이유가 그저 개인의 문제라고 할 수 있을까? 아들을 낳는 수단으로서 자신의 존재 가치를 증명해야 하는 사람에게, 사람됨을 요구하는 것이 오히려 더 폭력적이고 무례한 것은 아닌가? 이 지점에서 우리는 교씨를 문제삼기 전에 교씨를 그렇게 만든 이념과 제도에 대해 고민하지 않을 수 없는 것이다.

이렇듯 이 작품은 그 처지가 안타까우면서도 이해하기 어려운 '사씨'와 그 행동에 화가 나면서도 이해되는 면이 없지 않은 '교씨'를 만남으로써, 선악의 구도가 선명한 듯하지만 어느 한쪽에 완전히 공감할 수는 없는 상황에 놓이게 된다. 사람들은 자신의 모습을 사씨에게도 그리고 교씨에게도 빗대어 보며, 과연 나는 어떤 선택을 하게 될 것인가 여러 상상을 하게 되었을 것이다. 이러한 작품의 중층적 매력이 사람들에 흥미를 준 것은 아니었을까?

4 통속적 서사와 사랑, 불륜

〈사씨남정기〉는 지금으로부터 4세기 전에 출현하였다. 그러나 불과 100년 전까지도 사람들에게 많은 사랑을 받았다. 수백 년의 시간 동안 사람들의 관심을 받은 것이다. 요즘 〈사씨남정기〉를 직접 읽는 사람은 많지 않다. 그러나 이 작품이 가지고 있는 서사적 요소는 면면히 이어져 널리 향유되고 있다.

가장 비근한 예가 바로 한국에서 유행하여 이제는 세계적인 관심을 받고 있는 '막장드라마'이다. 막장드라마에서 보이는 다양한 갈등의 양상을 보면 가문소설을 떠올리게 되는 경우가 많다. 둘 사이의 친연성이 보이는 것이다. 오히려 많은 측면에서는 막장드라마로 명명되는 작품들보다 고전소설이 더 막장드라마 같은 모습을 보인다.

근대 문학에서 사랑과 불륜은 근대적 주체의 개인적 욕망을 실현하는 경로로 이해되었으며 그래서 이때 사랑과 불륜은 때로 매우 숭고한 가치를 지니기도 한다. 그러나 가문소설의 사랑과 불륜은 지탄과 공격의 대상이다. 그럼에도 가문소설에서 사랑과 불륜은 빠지지 않고 등장하였고, 요즘 우리가 즐겨 향유하는 대중문화 속 서사에서도 이러한 모습이 심심치 않게 등장한다.

통속적 서사의 사랑과 불륜은 왜 인기가 많을까? 이에 대해 깊이 있는 답을 내리기는 어렵지만, 일반적인 차원에서는 충분히 대답해 볼 수 있다. 그것은 사랑이 우리에게 매우 익숙한 소재이고, 불륜은 누구나 불현듯 머릿속을 스쳐 지나갈 수 있는 상상이면서 사회적 규약에 의해 적절히 통제되는 감정이기 때문이 아닐까 한다. 그래서 사람들은 타인의 사랑에 관심을 갖고 자신의 감정을 가늠하는 한편, 타인의 불륜 상황을 보며 자신이 상상만 했던 감정의 경로를 따라가 보기도 하고 반대로 그것을 적절히 조절하기도 하는 것이 아닐까 싶다.

그렇기 때문에 통속적 서사가 늘 이념을 강화하거나 공고히 하는 방향으로만 영향을 주는 것 같지는 않다. 통속적 서사는 오히려 이념의 지향에 대한 양 방향의 선택지를 모두 제시해 주는 측면이 있다. 우리가 통속적 서사는 세상의 모순을 은폐하고 미화한다고 비판하며 그 의의를 폄하하지만, 오히려 많은 대중들은 통속적 서사를 통해서 세상에 대한 비판적 인식을 만들어가기도 한다. 실제로 통속적 서사의 위력은 점점 더 강해지고 있고 그 범위도 매우 넓어지고 있음을 영상매체 속 서사를 통해 확인할 수 있다. 이렇듯 서사가 다채롭게 향유되는 사회적 현상을 통해 우리 고전

속 서사에 대한 새로운 접근이 필요함을 느끼게 된다. 〈사씨남정기〉는 그러한 점에서 우리에게 단순히 처첩의 선악 대결만을 보여주는 것이 아님을 알 수 있다.

참고 문헌

- 김만중. 《사씨남정기》. 류준경 옮김. 문학동네, 2014.
- 김만중. 《사씨남정기》. 송성욱 옮김. 현암사, 2004.
- 김만중. 《서포만필》. 심경호 옮김. 문학동네, 2010.
- 작자 미상. 《창선감의록》. 이지영 옮김. 문학동네, 2010.

더 읽어보기

김만중. 《사씨남정기》. 류준경 옮김. 문학동네, 2014.

《사씨남정기》. 송성욱 옮김. 현암사, 2004.

위 두 책은 《사씨남정기》 번역 및 현대어역을 충실히 수행한 번역서이다. 학술적으로도 가치가 있으며, 이 작품을 처음 접하는 분들이 읽어도 좋을 책이다.

김만중. 《서포만필》. 심경호 옮김. 문학동네, 2010.

《서포만필》은 김만중의 저술을 엮은 문헌으로 그의 사유를 엿볼 수 있는 글들이 많다. 이 글에서도 김만중의 사유를 밝힐 때 《서포만필》을 인용하였다. 심경호 번역본은 몇 안 되는 《서포만필》 번역서 중에 가장 훌륭하다고 할 수 있다.

작자 미상. 《창선감의록》. 이지영 옮김. 문학동네, 2010.

〈창선감의록〉은 〈사씨남정기〉와 비슷한 시기에 출현하였으며 가문소설의 초기 모습을 잘 갖춘 작품이다. 두 작품을 함께 읽으면 가문소설의 시대적 특징을 이해하기 용이하다.

안나 카레니나

불륜을 넘어 사랑으로 죽음을 넘어 삶으로

이명현

1 생의 분기점에 창작된 소설

레프 니콜라예비치 톨스토이는 1828년에 태어나 1910년에 별세하였다. 82세에 작고했으니, 러시아 작가치고는 상당히 장수한 편이다. 그가 살았던 시대는 러시아가 근대로 진입하여 정치적이고 사회적인 격변을 겪던 시기였다. 그는 러시아 전체가 혁명의 열기에 휩싸여 있던 시대에 개인적으로 나름의 혁명을 도모하다가 세상을 하직하였다. 톨스토이는 단순한 소설가, 문호만이 아니었다. 그는 절대적인 선을 추구하고 인생의 의미와 과제를 끊임없이 궁구한 사상가이자 구도자였으며, 러시아 민중에게 읽고 쓰는 법을 가르친 교사이자 당대 인류, 특히 유럽인들의 정신적인 지주이기도 했다.

〈안나 카레니나〉는 작가의 인생에서 중대한 분기점에 쓰여졌다. 이 소설을 집필하던 시절에 그는 40대 중후반이었고, 단행본으로 출간했을 때는 만 50세였다. 〈안나 카레니나〉를 탈고하자마자 그의 인생에 이른바 '회심'이라 일컬어지는 극적인 대전환이 일어나고, 눈물 없이는 읽을 수 없는 《참회록》이 세상에 나오게 된다. 소설가이자 예술가인 톨스토이가 구도자이자 영석인 스승으로 변모하던 시점이었다. 〈안나 카레니나〉를 쓰는 동안 톨스토이는 심각한 정신적인 위기와 심적 갈등을 겪어왔으며, 그 결과로 가치관과 인생관의 커다란 변화를 맞이하게 된 것이다. 이 소설은 그과도기의 고뇌와 사유의 궤적을 오롯이 담고 있다.

〈안나 카레니나〉는 1870년대 초에 구상되어 1873년부터 1877년까지 잡지 《러시아 통보》에 연재되었으며, 1878년에 수정 작업을 거쳐서 단행본으로 출간되었다. 애초에 구상했던 소설은 그저 어느 불쌍한 유부녀의 '불륜 이야기'에 불과했다. 그러나 원고를 써가면서 소설의 구성은 복잡해지고, 수많은 인물과 에피소드가 추가되며, 농민교육, 여성문제, 이민족 정착 문제, 세르비아-터키 전쟁, 범슬라브주의, 젬스트보(지방자치회) 등등 당대의 사회적 이슈들이 줄지어 다뤄지고 작가가 골몰했던 인생의 근본문제들이 첨예하게 제기된다. 뿐만 아니라 당시 작가가 겪었던 사상적 동요와 정서적 체험이 작품 속에 고스란히 반영된다. 그러니까 이 소설은 1870년대 러시아 사회의 연대기와 작가의 일기를 합쳐놓은 것이라 해도 과언이 아니다. 이러한 결과로 〈안나 카레니나〉는 남녀의 사랑을 다룬 연애소설이자 가정사를 구현한 가정소설일 뿐만 아니라 공동체의 문제들, 시대적 분위기와 세태를 그려낸 사회소설의 성격마저 띠게 된다.

1870년대는 농업이 여전히 러시아 경제의 토대를 이루고 있으면서도 자본주의적 산업화가 본격적인 궤도에 올라, 철도가 급속하게 건설되고 은행의 설립과 파산 소식이 사회적 파란을 일으키던 시대였다. 정치·사상적인 면에서는 개혁과 진보에 대한 전망이 차단되고 기존의 가치와 신념에 대한 회의가 확산하던 시기였다. 이 시기는 귀족 계급의 몰락과 쇠퇴를 목전에 둔 때로서 톨스토이의 관점에서는 무엇보다도 삶을 지탱해 주던 도덕률의 붕괴가 그것을 예고하고 입증하였다(똘스또이 2018, 676). 작가가 보기

〈안나 카레니나〉를 집필할 당시의 톨스토이
(크람스코이, 1873)

에 물질적으로는 급진전하는 반면에 정신적으로는 돌이킬 수 없이 퇴행하던 이 시대의 모순과 질곡은 가정의 위기와 귀족의 위기로 걷잡을 수 없이 표출되었다. 전통에 의해 그 신분이 유지되고 전통을 최고의 가치로 여기는 귀족 계층에게 전통을 고수하고 승계할 수 있는 보루는 가정이었다. 그런데 그러한 가정이 이제는 허울만 남았을 뿐, 실상은 허위와 가식으로 점철된, 끔찍한 '공모자들의 동거' 단위로 타락해 가는 것이었다. 가정의 테마와 귀족의 테마가 불가분하게 얽힌 채 전개되는 서술의 밑바탕에는 이러한 시대 인식이 짙게 깔려있다.

19세기 후반에 가정의 위기를 알리는 가장 드라마틱한 징후는 유부녀가 외간 남자와 저지르는 불륜이었다. 〈안나 카레니나〉는 세계에서 가장 널리 알려진 불륜 이야기 중 하나로서 플로베르의 〈마담 보바리〉를 비롯한 유럽 산문들의 뒤를 이어서 부정한 아내의 간통과 그에 대한 단죄라는, 19세기 문학의 단골 주제를 다루고 있다. 불륜, 즉 도덕률에는 어긋나는 행각이지만 그래도 어쨌거나 연애니까 소설 속에서 여주인공 안나와 그의 정부 간의 핑크빛 로맨스를 접하게 되리라고 기대할 법도 하다. 그러나 실상은 전혀 그렇지 않다. 톨스토이는 로맨틱한 연애담의 거품을 철저히 걷어내고 연애도, 결혼도, 가정사도, 사교계의 세태도, 나아가 인물의 처절하고 비극적인 죽음도 냉철한 리얼리즘으로 형상화하고 있다. 그렇게 작가는 이 작품에서 초월적이고 이상적인 리얼리티를 그리는 예술의 허구성을 경계하고 있다. 리얼리즘이라는 측면에서 꼽을 수 있는 또 다른 작품의 특징은 디테일의 승리이다. 예술가 톨스토이의 비범한 관찰력과 묘사력이 세세한 디테일들에서 개가를 이루고 있다. 많은 비평가들이 〈안나 카레니나〉를 심리소설로 규정할 정도로 사물이나 상황의 디테일뿐만 아니라 인물들의 심리와 관련된 디테일들, 특히 주인공 안나의 심적 정황에 대한 섬세하고 치밀한 묘사가 탁월하다.

이 작품에는 두 명의 주인공이 등장하며 그들을 중심으로 서로 대비되는 플롯의 두 줄기가 펼쳐진다. 그것은 바로 안나 라인과 레빈 라인이다. 소략한 불륜 이야기가 방대한 규모의 장편소설로 변모하게 된 것은 바로 레빈 라인이 부가되고 증폭된 결과이다. "레빈의 라인은 사랑과 결혼에 얽힌 우여곡절, 사교계와 클럽의 세태, 농사와 사냥에 얽힌 일화, 지방자치회 선거 과정, 사회적 현안과 철학적 문제에 관한 논쟁 등등이 줄줄이

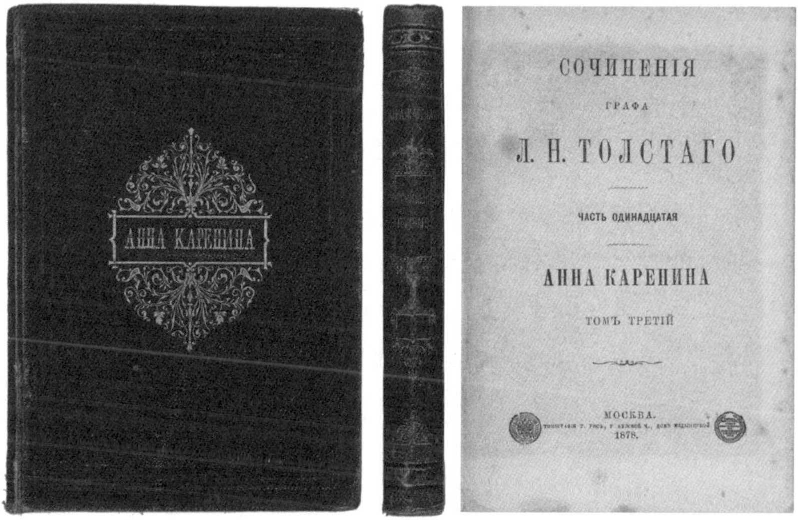

〈안나 카레니나〉 초판본

엮인 세태와 일화의 종합선물세트"(이명현 2016, 353)처럼 펼쳐진다. 안나의 불륜 행각을 압도하는 레빈의 이야기 속에서 독자들은 작가 톨스토이의 모습을 확인하지 않을 수 없다. 또한 "이 작품에서 레빈만이 자전적 성격의 인물인 것이 아니라 안나라는 인물에게서도 톨스토이적 특성이 쉽게 발견된다"(윌슨 2020, 418). 안나 역시 작가의 분신이 되기도 하며, 작가가 당시 겪은 내적 위기가 안나의 형상 속에도 아로새겨져 있다. 그러나 안나의 라인은 톨스토이의 눈에 비친 세계상과 그의 인생에 대한 비전의 극히 어두운 면만을 구현한다. 반면에 레빈의 라인은 삶을 소중히 여기고 가치 있는 것들로 채우고자 하는 작가의 의지와 에너지를 대변한다. 안나와 레빈은 톨스토이가 독자들에게 제시하는 자아의 양면이며, 그들의 이야기는 삶의 상반된 진실을 전해준다(이명현 2016, 361-362).

안나와 레빈의 이야기가 교체되는 것 외에도 시골과 도시가 대립적인 공간으로서 반복적으로 교체되며 대비를 이루는 것 또한 구성상의 특징으로 꼽을 수 있다. 레빈의 시골 영지는 자연, 노동, 검약, 가족애가 주를 이루는 긍정적인 공간인 반면 페테르부르크나 모스크바, 유럽의 도시는 인위, 무위, 사치, 불륜이 난무하는 부정적인 공간이다. 톨스토이의 소설에서는 대체로 "모든 나쁜 것은 도시에서 일어나고 모든 좋은 것은 농촌에서 일어난다. 빈민굴, 매음굴, 카지노, 극장, 레스토랑, 술집, 사치스러운 상점—이런 것들은 모두 도시에만 있다. 모든 나쁜 인간들은 도시에서 살고 모든 좋은 인간들은 농촌에서 산다. 모든 좋은 결혼은 농촌에서 일어나고 모든 나쁜 결혼(불륜, 이혼 등)은 도시에서 일어난다"(석영중 2009, 202). 이러한 점은 〈안나 카레니나〉에서도 예외 없이 적용된다. 안나와 레빈 이야기가 이루는 평행적 구성과 함께 시골과 도시라는 공간적 배경의 대위법적인 전개는 소설 전체에 통일성을 부여하고 의미론을 심화하는 중요한 요인이 된다.

2 가정과 귀족의 위기
— 윤리적 코드로 해부하기

톨스토이는 그가 남긴 대부분의 작품에서 가정의 문제를 다루었다. 이때 그가 문제 삼는 가정은 모두 귀족 혹은 귀족 출신 관료의 가정이다. 〈전쟁과 평화〉나 〈안나 카레니나〉 같은 장편뿐만 아니라 〈가정의 행복〉, 〈크로이처 소나타〉, 〈이반 일리치의 죽음〉 등의 중단편에서도 귀족 관료의 가정사가 펼쳐진다. 톨스토이에게 가정은 참으로 성스럽고 귀중한 것이었다. 왜냐하면 그것은 수천 년 동안 이어져 온, 인간이 꾸려낸 가장 '자연스러운' 공동체이며, 무엇보다도 아이들을 낳고 기르는 단위이기 때문이다. 또한 톨스토이는 가정을 꾸리는 것이 개인이자 인격체로서 진정한 독립을 실현할 수 있으며, 선조 및 후손과 직접적으로 연결되는 역사적인 존재가 될 수 있는 유일한 길로 여겼던 푸시킨의 가정관을 공유하였다. 가정은 "인간존엄의 성전이자 역사적인 삶을 연결해 주는 고리"인 것이다(로트만 2018, 248). 레빈이 강변하듯이, 귀족이라면 "지난날 3대 혹은 4대에 걸쳐 가문을 이어온 성실하고 정직한 조상들이 있고, 고등 교육을 받았으며, 그 누구에게도 비굴하게 군 적 없고, 누구에게도 아쉬워한 적 없는 사람"이어야 하며(이하 〈안나 카레니나〉의 인용은 톨스토이 2018[《안나 카레니나》 상·하, 이명현 옮김]에 준한다. 단, 여기에서 이름의 표기는 외래어표기법에 따라 수정하였다), 그렇게 되는 것은 조상의 대를 이어 온전한 가정을 꾸릴 때만이 가능했다. 이와 같은 성스럽고 고귀한 의미를 지닌 가정을 파괴하는 것은 그러므로 너무나도 크나큰 죄악인 것이다.

가정의 테마는 〈안나 카레니나〉에서 가장 비중 있게 다뤄지는 테마 중 하나이다. "모든 행복한 가정은 서로 닮았고, 모든 불행한 가정은 제각각으로 불행하다"라는 소설의 첫 문장에서부터 가정의 테마가 부상한다. 그리고 행복한 가정과 불행한 가정, 두 부류의 가정이 소설 속에 등장할 것임이 예고된다. 이어지는 두 번째 문장을 보자. "오블론스키 집안은 온통 뒤죽박죽이었다." 이 문장은 짧지만 대단히 함축적이다. 오블론스키 집안으로 대표되는 당대 러시아 귀족 계층의 가정이 전반적으로 위기를 맞이하고 있음을 암시하고 있기 때문이다. 이처럼 〈안나 카레니나〉의 서사는 가정소설 장르의 특성을 전면화하면서 시작된다. 가정의 테마는 그것과 밀접하게 관련되는 다른 부차적인 테마들—사랑, 결혼, 출산, 육아, 불륜, 이혼—을 수반하며, 수많은 에피소드들을 통해서 다각도로 구현된다.

소설 속에는 남녀 커플들이 이루는 이른바 '진짜가정'과 그것을 대신하거나 흉내 내는 '의사가정' 혹은 '가짜가정'이 등장한다. 가정을 이루는 대표적인 커플들로는 셰르바츠키 공작 부부, 스티바-돌리, 나탈리-리보프, 안나-카레닌, 카레닌-리디야 이바노브나, 니콜라이-마샤, 안나-브론스키, 레빈-키티 쌍을 들 수 있다. 이 중에서 어떤 커플들의 가정은 '진짜가정'에 속하고, 다른 이들의 가정은 '가짜가정'으로 분류된다. 이러한 여러 가정의 모습을 통해서 톨스토이는 가정의 행복과 불행은 어디서 비롯되는지, 가정 구성원의 책무와 도덕률은 무엇인지를 돌이켜 보게 한다.

〈안나 카레니나〉에서 주요 남성 인물들은 제대로 된 가정, 온전한 모성과 부성을 경험해 보지 못한 인물들로 나온다. 레빈과 브론스키, 카레닌에 대한 서술의 관련 대목을 보자.

> 레빈은 자신의 모친을 기억하지 못했고, 그의 유일한 누이는 그보다 한참 손위였다. 따라서 그는 부모의 죽음에 의해 박탈당한, 교양 있고 명예롭고 유서 깊은 귀족 가문의 가정환경이라는 것을 셰르바츠키 일가에서 처음으로 접했던 것이다.

> 브론스키는 가정생활이라는 것을 전혀 몰랐다. 그의 모친은 젊은 시절 사교계를 화려하게 주름잡던 여성으로서, 결혼생활 중에도 그러하였으나, 결혼생활에 종지부를 찍은 이후에 특히 사교계 전체에 수많은 염문을 뿌리고 다녔다. 아버지에 대한 기억이 거의 없는 브론스키는 중앙유년학교에서 교육받고 성장하였다.

> 알렉세이 알렉산드로비치는 고아로 자랐다. 형제라고는 둘뿐이었다. 그들은 아버지를 기억하지 못했고, 어머니는 알렉세이 알렉산드로비치가 열 살 때 돌아가셨다. (…) 이제는 고인이 되신, 한 때 황제의 총신이자 고위 관료였던 카레닌 숙부가 그들을 양육했다.

인용문에서 보듯이 레빈은 온전한 가정을 성인이 된 후 남의 집에서 접했다. 브론스키는 아예 가정에 대한 기억도 관심도 없는 인물로 등장한다.

"직무 수행에 있어서는 그토록 똑똑하고 세심한" 관료이지만, 자신이 "아내와의 관계에 있어서는 얼마나 무분별한지" 깨닫지 못하는 카레닌 역시 별반 다르지 않다. 세 인물 모두 가정과 모성, 부성을 제대로 체험해 보지 못했고, 카레닌과 브론스키의 경우 가정에 대한 개념이 아예 결여되어 있거나 왜곡되어 있다.

톨스토이는 가정의 테마를 다루면서 남성도 남성이지만 여성에게 부과되는 책임과 도덕률을 특히 강조한다. 카레닌과 브론스키는 자기 자신 때문만이 아니라 안나라는 '나쁜' 여자와 가정을 이루었기에 행복하고 건강한 가정생활을 영위할 수가 없었다. 여기서 '나쁜' 여자라는 것은 물론 톨스토이의 관점에서 이루어지는 평가다. 그렇다면 안나는 왜 나쁜 걸까? 그것은 바로 가정을 꾸린 여성에게 부과되는 가장 성스러운 과제인 육아를 방기하고 임신을 거부하기 때문이다. 레빈의 경우 비록 온전한 가정을 체험하지 못했지만, 키티라는 '좋은' 여자와 결혼하여 모성과 부성이 공히 건재하는 좋은 가정을 꾸릴 수 있었다. 안나 카레니나는 불륜을 저질렀다는 사실만으로 나쁜 것이 아니다. 여성으로서 책임져야 할 임신과 육아, 가사의 막중한 책무를 방기하였기에 그 죄과가 큰 것이다.

〈안나 카레니나〉에서 좋은 가정이란, 일단 여성이 많아야 하고, 여성이 육아와 가사에 헌신해야 하며, 모성과 부성이 공히 건재하는 가정이어야 한다. 셰르바츠키 노공작 부부의 집안이 바로 그러한 가정의 본보기이다. 여기서 잠시 톨스토이의 여성관을 엿보고자 한다. 톨스토이에게 이상적인 여성이란 "그녀가 살고 있는 시대의 최고의 세계관을 몸에 지니고 여성에

톨스토이 부부와 그들의 장성한 자녀들(1903)

게 부여된 불가항력적인 천직—말하자면 아이를 많이 낳아 자신의 세계관에 따라 인류를 위해 일하는 능력을 갖춘 인물로 키워내는 사업에 이바지하는 여성이다". 오늘날의 시각에서, 특히 여성의 입장에서 볼 때, 무지막지한 가부장적 견해가 아닐 수 없다. 아이를 그냥 낳는 게 아니라 많이 낳아야 하고 그냥 키우는 게 아니라 인류를 위해 일할 사람으로 키워야 한다는 것이다. 실제와 소설에서 이에 어느 정도 근접하는 여성을 든다면, 먼저 톨스토이의 아내 소피야 안드레예브나를 꼽을 수 있다. 그녀는 아이 열셋을 낳았으며, 그중 여덟을 장성할 때까지 돌보았다. 소설 속에서는 돌리의 예를 들 수 있다. 그녀는 여섯 아이의 엄마로서 육아와 교육, 훈육에 일관되게 헌신한다.

가정의 테마와 밀접하게 연관되며 그것 못지않게 비중 있게 다뤄지는 테마가 귀족의 테마이다. 그 자신이 고위층 귀족이었던 톨스토이의 문학은 일관되게 귀족을 등장시키고 귀족의 현황과 운명을 그려낸다. 그는 〈전쟁과 평화〉, 〈안나 카레니나〉를 비롯한 여러 작품 속에서 귀족의 가정, 귀족의 일상, 귀족들의 사교계 풍속을 묘사하였고, 귀족 관료들의 행동양식과 사고방식을 형상화하였다. 귀족의 테마를 다루면서 톨스토이는 무엇보다도 물질주의, 출세주의, 쾌락주의, 위선과 허영, 무위와 같은 도덕적인 문제들에 초점을 맞춘다. 〈안나 카레니나〉는 한 귀족 여인의 간통 이야기에 국한되지 않는, 전반적인 도덕적 타락상에서 그 심각성이 드러나는 당대 귀족 계층의 총체적 위기를 그린 소설이라고 할 수 있다.

톨스토이가 보기에 1870년대 러시아 귀족의 현황은 다음과 같다. 그들은 농노해방과 자본주의의 발달로 영농이라는 전통적인 경제활동에서 멀어지게 되고, 경제적 주도권을 상인과 자본가에게 넘겨주게 된다. 소설에서 스티바가 삼림을 헐값에 매각하는 일화가 나오는데, 그것은 바로 귀족으로부터 상인에게로 경제적 주도권이 넘어가는 역사적 현실을 압축적으로 구현한 장면이다. 다른 한편 이념이나 지식, 교양의 주도권은 교사, 변호사, 사제, 의사 등등의 직업층으로 구성되는 이른바 잡계급에게 이전된다. 이제 귀족들에게 이념이나 지식, 예술, 종교 등은 고상하고 기품있는 교양이 아니라 허울 좋은 장식이나 포즈로 전락해 버린다. 〈안나 카레니나〉의 슈탈 부인이나 리디야 이바노브나의 위선적인 경건주의와 엽기적인 광신이 그 대표적인 사례이다. 극단적인 경우, 귀족의 행태와 문화는 도덕적 무정부주의로 치닫기도 한다. 예컨대 사람들이 낙상하는 것을 보며 관객들이 쾌감을 느끼는, 로마의 '검투장'에 비유되는 경마라든가, 러시아식 향락을 탐닉하는 외국 왕자와 그와 닮은꼴인 브론스키의 경우가 그에 해당한다.

다시 말하건대, 〈안나 카레니나〉에서 귀족의 위기는 윤리적 측면에서 집중적으로 조명된다. 관습, 유행, 시류의 맹목적인 추종과 모방, 가식적이고 형식적인 윤리와 예절, 내연관계에 대한 상호 묵인과 눈가림, 취미생활 혹은 장신구로 전락해 버린 예술 활동과 신앙생활 등등—이 모든 귀족의 행태들은 하나의 단어, 다름 아닌 '허위'로 압축될 수 있다. '진실 vs. 허위'—이는 톨스토이의 작품에서 모든 윤리적 문제들을 관통하는 키워드라고 할 수 있다. 톨스토이에게 '거짓-허위'는 '부도덕-악'의 요체이다. 카레닌, 브론스키, 벳시, 리디야 이바노브나 등 귀족들의 일상과 행동거지는 하나같이 거짓과 기만으로 점철되어 있다. 아래 인용된 브론스키의 경우를 보면, 어머니에 대한 아들의 태도는 가식 그 자체이다.

> 그는 내심 어머니를 존경하지 않았으며, 스스로는 깨닫지 못하고 있었지만 사랑하고 있지도 않았다. 그러면서도 자신이 속한 세계의 관

넘에 따라, 그리고 자신이 받은 교육에 준하여 지극히 공손하고 예의 바르게 대하는 것 말고는 어머니에 대한 다른 태도는 상상할 수가 없었다. 심지어 어머니를 존경하고 사랑하는 마음이 희미해져 갈수록 겉으로는 더욱더 공손하고 예의 바르게 대하곤 했다.

'진실 vs. 허위'라는 관점에서 접근할 때 안나의 타락은 진실을 버리고 허위의 늪에 빠져든 것이라고 할 수 있다. 처음에 안나는 여타의 인물들과 달리 가식을 모르는 진실한 사람으로 등장하다가 브론스키와 관계를 맺으면서 점차 기만과 가식에 익숙해져 간다. 안나의 도덕적 타락은 사실 브론스키와의 첫 만남에서부터 시작된다. 페테르부르크 역에서 브론스키가 기차에 치여 죽은 경비원의 가족에게 200루블을 적선했을 때, 그러한 행동이 자신에게 잘 보이기 위한 위선임을 알면서도 안나는 묵인한다. 두 번째 경우로는 그녀가 무도회에서 브론스키와 춤을 추고 어울림으로써 키티에게 크나큰 상처를 안겨줬으면서도 자신이 그러한 몹쓸 짓을 저질렀다는 사실을 외면한 것을 들 수 있다. 모스크바에서 페테르부르크로 돌아온 안나는 예전과는 확연히 달라져 있었다. 그녀는 사교계에 드나들며 브론스키와 공공연히 내연관계를 맺으면서도 여전히 정숙한 아내인 양 행세한다. 또한 카레닌이 아무리 속을 털어놓고 얘기를 나눠보려 해도 딴전을 피우며 모르는 척한다. 그러한 안나를 작가는 "사악한 기만의 영"에 사로잡혀 있다고 규정한다.

이 모든 허위에 혈혈단신으로 초지일관 맞서는 인물은 다름 아닌 레빈이다. 레빈은 작가의 윤리의식의 대변자이며, 그가 제시한 대안적 인물이라고 할 수 있다. 그는 허위와 가식을 모르며. 진정한 귀족주의를 구현하는 인물이다. 레빈의 입장에서 진정한 귀족주의란, 영농을 나라 경제의 근간으로 삼으며, 자본주의적 질서에 반대하고, 가문의 영지를 개간하며 전통을 계승하고, 사치와 향락을 멀리하고 청렴하게 사는 것을 의미한다. 아울러 가정을 꾸려서 경제적으로나 정신적으로 온전히 독립하고, 부단히 교양을 쌓음으로써 자기 자신을 끊임없이 육성하는 것을 뜻한다. 레빈이 도덕적으로 대안적 인물이 될 수 있는 또 다른 이유는 톨스토이식 자연주의를 체현한다는 점이다. 자연의 순리에 부합하며 순응하는 삶을 살아가는 것, 육체노동을 통하여 대지와 동식물과 교감하는 삶을 살아가는 것—이것이 톨스토이식 자연주의의 기본 요건이다. 톨스토이식 자연주의가 예술적으로 형상화된 사례들 가운데 백미로 꼽을 수 있는 것은 〈안나 카레니나〉의 풀베기 장면이다. 이 대목을 읽으면, 누구든지 그 자신도 풀베기에 가담하여 레빈처럼 무아지경 속에 행복과 기쁨을 느끼고 싶으리라.

> 레빈은 그들 사이에 섞여 앞으로 나아갔다. 풀베기가 절정에 다다랐을 때도 그는 그다지 힘든 줄 몰랐다. 비 오듯 흐르는 땀이 그의 몸을 서늘하게 식혀 주었고, 등과 머리와 걷어붙인 팔꿈치로 따갑게 내리쬐는 햇볕은 그의 노동을 한층 더 굳세고 완강하게 만들어 주었다. 뭘 하고 있는지 생각하지 않게 되는 무의식 상태가 점점 더 잦아졌다. 낫

이 저 혼자 풀을 베었다. 참으로 행복한 순간이었다. (…) 자꾸자꾸 풀을 베어갈수록 그는 더욱더 자주 무아지경의 순간을 맛보았다. 그 순간에는 두 팔이 낫을 휘두르는 게 아니라 낫 자체가 생명력 넘치는 그의 육신, 스스로를 자각하는 그 육신을 앞장서서 이끌었다. 그러면 마법에라도 걸린 듯이 아무런 생각 없이도 일이 저절로 정확하고 규칙적으로 되어 가는 것이었다. 최고로 행복한 순간이었다.

작가의 닮은꼴인 레빈은 작가 자신이 그렇듯이 완벽한 존재는 결코 아니다. 그는 쉽게 흥분하고, 툭하면 자존심에 상처 입고, 지나치게 고집 세고, 사람들과의 불화와 언쟁을 일삼는 등 흠결이 많은 인간이다. 그러나 그는 진실과 허위에 대한 남다른 윤리적 감각을 지녔으며, 끊임없이 자기 자신에 대해 성찰하고, 매일같이 조금이나마 더 나은 사람이 되고자 분투한다. 그러하기에 그에게는 귀족의 전반적인 몰락과 퇴행의 시대임에도 불구하고 온전한 가정을 꾸리고 진정한 귀족주의를 실현할 자격과 능력이 주어진다. 작품 속에서 그가 키티와 함께 꾸리는 가정은 개인적인 삶의 둥지이자 울타리이지만, 다른 한편으로는 무너져 가는 귀족의 전통과 윤리의 마지막 보루라고 할 수 있다.

3 메멘토 모리,
그리고 삶을 사랑하게 만드는 소설

죽음은 톨스토이의 문학 세계에서 가장 무게감 있는 테마이다. 그의 작품 중에는 〈세 죽음〉, 〈이반 일리치의 죽음〉 같은, 죽음을 전면에 다룬 작품들이 여럿 있으며 〈안나 카레니나〉 역시 그 계열에 속한다.

톨스토이는 수많은 죽음을 겪었는데, 군 복무 시절 전쟁터에서의 병사들의 죽음, 친형 드미트리와 니콜라이의 죽음, 어린 자식들의 죽음, 야스나야 폴랴나에 함께 살았던 고모와 숙모들의 죽음 등을 들 수 있다. 또한 평생 잊지 못할 죽음에 관한 특별한 체험이 작가의 영혼에 각인된 바 있다. 그것은 이른바 '아르자마스의 공포'라고 불리는 사건이다. 1869년 영지 매입을 위한 여행길에 오른 그는 아르자마스라는 지방 소도시에서 하룻밤 묵게 되는데, 깊은 밤, 그곳의 여관방에서 문득 소름끼치는 무시무시한 공포감에 사로잡히게 된다. 그 여관방은 다름 아닌 관이고 죽음이 바로 눈앞에 서있는 듯한 느낌이었다. 톨스토이는 잠이고 뭐고 다 집어치우고, 동행한 하인을 깨워서 '걸음아 나 살려라' 줄행랑을 친다. 그러한 '아르자마스의 공포'의 기억이 또렷한 채로 그는 〈안나 카레니나〉를 집필하였다.

〈안나 카레니나〉와 관련해서는 또 하나의 특별한 죽음의 체험을 상기해야 한다. 1872년에 톨스토이가 잘 알고 지내던 이웃 지주의 내연녀인 안나 피로고바라는 여인이 정부에게 버림받고 기차에 뛰어들어 자살하는 사건이 일어난다. 직접 기차역으로 가서 두 동강 나고 짓이겨진 피로고바의 시신을 살펴보고 올 정도로 이 사건은 톨스토이에게 비상하고 충격적인 인상을 남겼다. 안나라는 이름과 여주인공의 자살 방식이 이 사건에서 빌려온 것임은 말할 나위 없다. 마지막으로, 작가 자신의 자살 충동 역시 소설과 관련이 깊다. 〈안나 카레니나〉를 쓸 당시 작가는 모든 것을 앗아가는 죽음의 위력에 압도되어 삶에 대한 깊은 회의와 허무에 빠져있었다. 그래서 심지어는 자살에의 충동에 시달리곤 했다. 8부에 나오는 레빈의 이야기에는 그러한 작가의 체험이 직접적으로 투영되어 있다.

소설 속에는 세 사람의 죽음이 그려진다. 기차역 파수꾼의 죽음, 레빈의 친형 니콜라이의 죽음 그리고 안나의 죽음이다. 이 중에서 니콜라이 형의 죽음과 안나의 죽음은 플롯상으로도 이념적으로도 의미심장한 사건이 아닐 수 없다.

언급했듯이 작가가 품거나 겪었던 죽음에 대한 상념과 체험은 주로 레빈에게 투영된다. 그는 니콜라이 형의 죽음이 임박했음을 직감하고는 죽음에 대한 생각에 사로잡힌다.

> 죽음, 모든 것의 끝인 죽음이 처음으로 그에게 거역할 수 없는 힘으로 다가왔던 것이다. (…) 이 사랑하는 형에게 깃든 죽음은 예전에 생각했던 것처럼 그렇게 멀리 있지 않았다. 그것은 바로 그 자신 속에 깃들어 있었으며, 그것을 그는 느끼고 있었다. 지금이 아니라면, 내일, 내일이 아니라면, 삼십 년 후, 결국 이도 저도 다 마찬가지 아닌가? 이

불가피한 죽음이란 대체 무엇인가?

그것은 바로 자신이 삶에 있어서 하나의 작은 조건 — 죽음이 닥쳐와서 모든 게 끝날 테고, 따라서 아무것도 시작할 가치가 없었으며, 그리고 어찌해도 이를 해결할 수는 없다는 것을 잊고 있었으며, 지금 그것을 통찰하였다는 점이다. 그렇다, 정말 끔찍하지만, 사실이 그러했다.

이와 같이 그에게 죽음은 그 무엇보다도 위력적인 것, 불가피한 것, 임박한 것으로 다가오며, 그러한 상념은 그로 하여금 도저한 무력감과 허무감에 빠져들게 만든다.

니콜라이 형의 죽음에 관한 본격적인 묘사는 소설의 정중앙에 배치되어 있으며, 그 부분은 작품에서 유일하게 '죽음'이라고 제목이 달려있다. 그렇게 작가는'죽음을 기억하라'라는'메멘토 모리(memento mori)'의 메시지를 전하고 있다. 앞에서 밝혔듯이 니콜라이의 죽음은 그 어떤 초월적인 차원에서 조명되지 않으며, 어디까지나 육체적이고 물리적인 차원에서 극사실주의적으로 생생하고 상세하게 묘사된다. 그것은 일순간 맞이하는 죽음이 아닌, 지난한 과정으로서의 죽음이다. 여기서 죽음은 육체적인 고통의 지속과 반복, 심화의 과정으로부터 일순간 최종적으로 완전히 벗어나는 것, 육체적 고통 자체, 나아가 육체 자체로부터의 해방으로 해석된다.

그에게서 죽음을 갈망의 충족으로, 행복으로 바라보게끔 만들 수밖에 없는 일대격변이 일어나고 있는 게 분명했다. 예전에는 배고픔, 피로, 갈증 같은 고통이나 결핍에 의해서 유발된 각각의 욕망이 쾌감을 주는 육신의 작용에 의해서 충족되었으나, 이제는 결핍과 고통이 충족을 얻는 게 아니라 충족의 시도가 오히려 새로운 고통을 유발하는 것이었다. 따라서 모든 욕망들은 오직 한 가지, 모든 고통과 그것의 원천인 육신으로부터 해방되고자 하는 욕망으로 수렴되었다.

죽음에 대한 이러한 해석에는 작가가 친형의 죽음을 목도하면서 얻었던 각성과 통찰이 반영되어 있다. 파괴적인 죽음 앞에서 한없는 두려움과 무력감, 허무감에 사로잡혀 있던 레빈은 고통의 원천인 육신으로부터의 해방이라는 죽음의 이면을 맞닥뜨리게 된다. 이는 죽음에 대한 깊고 오랜 사색과 근거리에서의 목격 끝에 얻어진 사고의 반전으로서 그는 이제 니콜라이 형의 죽음을 계기로 죽음이 끊임없이 밀어 넣던 공포의 심연에서 벗어나 새로운 고뇌의 국면을 맞이한다. 그것은 죽음에도 불구하고 '왜 살아야 하는가'라는 삶에 대한 보다 적극적인 질문이다.

이제 안나의 죽음을 살펴볼 차례이다. 작품 속에는 안나의 죽음을 예고하는 여러 복선이 깔려있다. 무엇보다 압도적인 것은 안나가 페테르부르크 역에 도착하자마자 벌어진, 기차에 치인 경비원의 죽음이다. 그리고 첫 정사 직후 브론스키가 안나에게 키스를 퍼붓는 장면이 살인자가 피살자의 사체를 난도질하는 것에 비유되는 것 역시 복선 중 하나이다. 이 대목에서 안나는 이미 도덕적인 차원에서 죽음을 선고받았다고 할 수 있다. 푸르푸르의 죽음 역시 중요한 복선에 해당한다. 경마장에서 브론스키에 의해 부상당하고 총살되는 그의 애마 푸르푸르는 안나의 분신으로서 그녀의 죽음을 확실하게 예고한다. 마지막으로 안나가 자주 꾸는, 쇠붙이를 만지작거리며 불어로 중얼거리는 어느 촌부가 등장하는 불길한 꿈을 들 수 있다. 이처럼 안나의 죽음의 확실성은 작품 속에서 여러 장치들에 의해 여러 차례 강조되고 상기된다.

죽어야만 하는, 죽음으로 응징되어야 하는 안나의 죄과는 무엇인가? 안나의 첫 번째 죄악은 모성에 대한 배덕이다. 그는 아들 세료자를 버렸고, 딸아이의 육아를 방기했으며, 성적 매력을 유지하기 위해 피임을 하였다. 이는 톨스토이의 여성관과 도덕관념에 비추어 결코 용납될 수 없는 처신이었다. 두 번째 죄는 육체적인 성애에의 집착이다. 식욕, 성욕 등 육체적 욕망에 평생 시달렸던 톨스토이에게 육욕, 특히 성욕은 악마적인 것으로 간주되었다. 그러한 관점에서 서사가 전개될 때, 안나의 성애에의 집착과 탐닉은 결코 용인되거나 용서받는 것으로 귀결될 수는 없었다. 세 번째 죄악은 앞에서 지적했던 허위와 기만이다. 소설의 후반부에서 '실눈을 뜨고 세상을 보는' 안나의 버릇이 몇 차례 언급되는데 다름 아닌 돌리가 그것의 의미를 간파한다. 예의 버릇을 알아챈 돌리는 안나가 자기 자신을 기만하고 있음을 직관적으로 감지한다. "안나가 삶의 내밀한 부분들을 건드릴 때면, 실눈을 뜬다는 생각이 퍼뜩 들었다. '틀림없이 삶 전체를 향해 실눈을 뜨고 있는 거야, 다 보지 않으려고.' 돌리가 생각했다." 실눈을 뜬 채 진실을 외면하는 안나의 죽음을 향한 행보는 이제 걷잡을 수가 없다.

안나의 죽음은 안나가 브론스키에게, 그리고 자신의 불행했던 삶에 가하는 응징이자, 작가가 자신의 여주인공에게 가하는 응징이라고 할 수 있다. "원수 갚는 것은 내가 할 일이니 내가 갚아주겠다"라는 소설의 에피그라프에서 이미 안나의 죽음이 응징-복수로 해석될 여지가 제공된다. 그러한 안나의 죽음은 인과론적으로 매우 개연성 있게 묘사된다. 그녀는 죽기 직전에 심각한 정신병적 징후를 보인다. 그것은 우울증, 분열증, 편집증적인 증상들이다. 모르핀 없이는 일상생활이 불가능할 정도로 그녀의 정신은 병들어 있고, 질투, 복수심, 혐오, 증오와 같은 부정적 감정들이 그녀를 병적으로 옭아맨다. 이러한 병적인 심리와 정신상태는 마침내 의식의 흐름 기법으로 묘사된다. 죽기 직전 마차 혹은 기차를 타고 지나가는 사람들과 바깥 풍경을 보는 그녀의 의식 속에 온갖 감정과 상념들, 기억들, 이미지들이 인과관계를 뛰어넘어 꼬리에 꼬리를 물고 이어진다. 그리고 그 모든 것들은 하나의 거대한 혐오와 증오의 대상으로 합쳐진다. 온통 혐오와 증오의 대상으로 가득한 세상, 지독한 불행으로 점철된 운명으로부터 안나는 자기 자신을 죽음으로 끊어내 버린다.

레빈의 경우는 안나의 자살과 뚜렷한 대비를 이룬다. 그는 안나와 달리 자살 충동을 극복한다. 레빈은 소설의 종결부에서 삶에 대한 심각한 회의와 허무감에 사로잡힌다. 안나가 불안과 비애감, 절망감에 시달렸다면, 레빈은 허무감에 시달린다. '모두에게 불가피하고 절대적인 죽음 앞에서 왜 살아야 하는가? 살 필요가 있는가?'라는 질문이 그를 놓아주지 않는 것이다. 레빈에게 제기된 삶과 죽음의 문제는 종국적으로 이 허무를 극복하느냐 마느냐의 문제에 귀착하며, 그는 결국 집요했던 허무감과 자살 충동에서 벗어나게 된다. 그의 결말은 자살이라는 안나의 결말과 대비를 이루며, 자살과 다름없는, 맹목적 참전이라는 브론스키의 결말과도 대비를 이룬다.

죽음에 대한 공포와 허무의 극복은 선과 사랑이라는, 어찌 보면 지극히 당연하고 단순한, 삶의 가치와 의미를 재발견함으로써 가능해진다. 어느 여름날, 갑자기 뇌우가 쏟아지자 양봉장에 모여있던 레빈 일가의 방문객들은 모두 비를 피해 집으로 달려간다. 집에 온 레빈은 키티와 아들이 숲에 있다는 사실을 알게 되어 기겁하며 그곳으로 달려간다. 숲에 다 왔을 무렵 벼락이 내리쳐 거목이 쓰러지자 레빈은 끔찍한 공포에 사로잡히고 무심결에 아내와 아이가 살아있기를 기도한다. 그 순간 그는 아내와 아이가 자신에게 얼마나 소중한지를, 그리고 자신이 언젠가 분명히 죽을지언정 저 소중하기 그지없는 존재들을 사랑해야 한다는 것을, 그리고 그렇게 사랑하며 살아갈 가치가 있다는 것을, 그 어떤 논리와도 상관 없이, 절절하게 깨달았던 것이다. 이러한 레빈의 결말로 미루어 볼 때, 〈안나 카레니나〉는 죽음에 관한 소설이자 동시에 죽음을 통해서 삶을 사랑하게 되는 소설이라고 할 수 있다.

죽음의 테마를 중심으로 살필 때, 안나 라인과 레빈 라인은 피날레에서 가장 극적인 대비를 이룬다. 다음은 안나의 결말이다. 그녀에게 삶은 끝내 기만과 비애와 악으로 가득한 것이었다.

그리고 그녀가 불안과 기만, 비애와 악으로 가득한 책을 읽는 동안 옆에 두었던 촛불이 그 어느 때보다도 환하게 타올라 여태껏 어둠 속에 잠겨 있던 모든 것을 선명하게 비춰주고는 타닥타닥 소리를 내며 희미해지더니 영원히 꺼져버리고 말았다.

다음은 레빈의 결말이다. 그에게 삶은 사랑과 선이라는 확고부동한 의미로 충만한 것이었다.

"그런데 오늘 뇌우가 쏟아질 때 두려움을 느낀 후로 내가 얼마나 아이를 사랑하고 있는지 깨달았소." (…) '하지만 이제 내 삶은, 내 일평생은 나에게 무슨 일이 일어나든 그것과 무관하게, 매 순간이 예전처럼 무의미하지 않을 뿐만 아니라 선(善)이라는 확고부동한 의미를 지니고 있다. 그 의미를 내 삶 속에 불어넣을 권한이 나에겐 있단 말이다!'

이 소설을 쓰기 전에 톨스토이는 예술가의 목표는 '삶을 사랑하게끔 만드는 것'이라고 말했다. "사람들로 하여금 끊임없이 수많은 양상들을 펼쳐내는 삶 그 자체를 사랑할 줄 알게 하는 것"(윌슨 2010)을 그는 자신의 문학적 과제로 삼았다. 그는 자신이 제시한 이러한 목표를 줄곧 죽음을 상기시키는 〈안나 카레니나〉를 통해서 달성하였다.

4 러시아의 안나들

소설 〈안나 카레니나〉가 오늘날 우리에게 새롭게 던져주는 화두 하나를 짚고 이 글을 마무리하고자 한다. 이 소설의 제목은 다름 아닌 여주인공의 이름이다. 이때 한 가지 주목할 것은 안나라는 이름이 러시아인들에게 '성녀 안나'를 곧장 상기시킨다는 점이다. 성녀 안나는 성모 마리아의 어머니를 지칭한다. 신앙심이 깊었던 그녀는 뒤늦게 낳은 딸을 하느님께 바쳤으며, 마리아를 낳고서 매우 화목하고 경건한 가정을 꾸리고 운영하였다. 그래서 그녀는 정교와 가톨릭에서 모범적인 결혼생활과 가정생활, 이상적인 모성의 표상이 되었다. 이러한 맥락을 수반하기에 안나라는 이름은 러시아 여성에게 부과되는 모범적인 가정을 꾸려나가야 할 책무—아이를 많이 낳아 잘 기르고, 주부로서 안살림에 충실하고, 남편을 상냥하게 내조하는 역할—를 상기시킨다.

소설 속에서 안나의 아름다움은 그녀가 처음 등장하는 1부 2장에서 특히 부각되는데, "사랑스러운 얼굴표정", "유달리 다정하고 상냥한 무엇", "곧 분출할 것만 같은 생기", "단호하고 경쾌한 발걸음" 등으로 특징지어지는 그녀의 아름다움은, 한편으로는 귀족 여성의 외형적 아름다움에 대한 일반적인 통념에서 벗어나기에 사뭇 독특하다고 할 수 있겠으나, 다른 한편으로는 외모보다는 여성 특유의 성정과 자질에서 분출되는 아름다움이라는 면에서 전통적인 관념을 잇고 있다고 하겠다. 안나의 아름다움은 고래로 러시아인들의 의식 속에 각인된 이상적인 여성성의 관념이 톨스토이식 버전으로 형상화된 것으로 볼 수 있다. 여기서 외형적 여성성이 아니라 내면적 여성성을 가꾸라는 여성들을 향한 작가의 요구를 읽는다면 과민한 독서일까.

소설 속에서 안나는 명백히 봉건적이고 가부장적인 사회 제도와 규범의 희생양이었으며, 19세기뿐만 아니라 20세기, 그리고 21세기까지 러시아의 수많은 '안나'들이 그러했다. 또한 러시아의 '안나'들은 안나 카레니나처럼 인격적으로 취약하고 미숙한 점이 많으며, 욕망과 의무 사이에서 자기 분열을 겪어야만 하는 인간이자 여성이었다. 다음 쪽의 그림은 러시아의 화가 미하일 부르벨이 그린 〈안나 카레니나와 아들의 해후〉이다. 안나와 아들 세료자가 마지막으로 만나는 장면을 소재로 삼은 작품이다. 그림 속 안나의 표정에는 욕망과 의무 사이에서의 갈등과 고뇌, 아들에 대한 죄의식과 연민, 자신의 운명에 대한 비애의 감정이 뒤엉켜 있는 것만 같다. 이 표정은 러시아의 수많은 '안나'들의 표정이기도 할 것이다.

앞서 톨스토이의 여성관을 소개하며 명백히 가부장적이라고 평하였다. 그럼에도 불구하고, 다소 조심스럽게 언급하건데, 부분적으로 〈안나 카레니나〉는 당대 러시아 여성의 처지와 지위, 여성의 체험과 시각을 구현한 '여성소설'의 면모를 내비치기도 한다. 뼛속까지 가부장적 관념을 체현하고 있는 남자가 쓴 소설이지만, 그는 예술가로서의 탁월한 감각과 통찰력, 이해력과 공감력을 발휘하여 당대 여성의 운명과 심리를 여성의 시점에서

〈안나 카레니나와 아들의 해후〉(브루벨, 1878)

묘사할 수 있었다. 다음은 그 대표적인 사례이다.

'그래, 언제나 그랬어.' 지난 15년의 결혼생활을 되돌아보며 다리야 알렉산드로브나가 생각했다. '임신에다 입덧이 생기고, 머리가 아둔해지면서 모든 것에 무심해지는 거야. 중요한 건, 몰골이 추해지는 거지. 키티, 그 젊고 예쁘던 키티마저도 매력이 없어졌는걸. 나는 임신하면 흉물이 된다니까. 출산과 산고, 그 끔찍한 산고, 그리고 최후의 순간…. 그 다음에는 젖 먹이는 일과 잠 못 이루는 밤, 그 끔찍한 아픔….' 그녀는 젖꼭지가 갈라져서 고통스러웠던 기억을 떠올리며 몸서리를 쳤다. 그런 아픔을 그녀는 거의 매 아이 때마다 겪었던 것이다. '그다음은 아이들의 병치레야. 그거야말로 끝도 없이 겪는 두려움이지. 또 그다음은 애들 교육에다 그 망측한 버릇들 (…) 학과 공부, 라틴어… 그 모든 게 잘 모르겠고, 고달프단 말이야. 그런 데다가 아이의 죽음까지 겪어야 하다니.'

인용문은 안나를 만나러 브론스키의 영지로 향하는 길에서 행해지는 돌리의 내적 발화이다. 출산과 육아의 부담과 고통이 여성의 시각에서 절절하고 생동감 있게 진술되고 있다. 진솔하고 꾸밈없는 이 돌리의 말은 당대와 현대의 모든 여성들에게 깊은 공명을 불러일으키지 않을 수 없다.

〈안나 카레니나〉의 책장을 접는 이 순간, 소설의 주인공 안나뿐만 아니라 현대 러시아의 수많은 '안나'들에 대해 공감과 염려와 지지의 감정을 한꺼번에 품게 된다. 그들의 현실을 들여다보고 미래를 조망하는 것은 〈안나 카레니나〉를 잇는 러시아 소설의 중요한 과제가 되어야 할 것이다.

참고 문헌

- 똘스또이, 레프. 《안나 까레니나》. 상·하. 이명현 옮김. 열린책들, 2018.

- 석영중. 《톨스토이 도덕에 미치다》. 예담, 2009.
- 이명현. 〈그녀가 비춰 준 내 마음의 진실들—레프 톨스토이의 '안나 카레니나'〉. 《나를 움직인 이 한 장면—러시아문학에서 청춘을 단련하다》. 한국러시아문학회 편. 써네스트, 2016.

- 노먼, 윌슨 앤드류. 《톨스토이—삶의 숭고한 의미를 향해 가는 구도자》. 이상룡 옮김. 책세상, 2010.
- 라브린, 야코. 《톨스토이》. 이철 옮김. 행림출판사, 1980.
- 로뜨만, 유리 미하일로비치. 《알렉산드르 세르게에비치 푸슈킨》. 정지윤 옮김. 아카넷, 2018.

더 읽어보기

레프 톨스토이. 《크로이체르 소나타》. 이기주 옮김. 펭귄클래식코리아, 2008.

위 역서에 실린 가정과 불륜, 성애의 테마를 다루고 있는 톨스토이의 작품들을 〈안나 카레니나〉와 비교하며 읽으면 흥미로울 것이다.

레프 톨스토이. 《이반 일리치의 죽음》. 석영중·정지원 옮김. 열린책들, 2018.

죽음에 관한 심오한 통찰을 담고 있는 이 작품을 〈안나 카레니나〉의 '죽음'의 장과 연관 지어 읽어보길 권한다.

윤새라. 〈존재의 의미—〈안나 카레니나〉 8부 재조명〉. 《러시아어문학연구논집》 38집(2011): 7-41.

안나가 죽고 나서도 계속되는 이야기, 〈안나 카레니나〉의 8부에 대한 이 논문은 작품의 구성을 이해하는 데 도움이 될 것이다.

레프 톨스토이. 《참회록》. 이상훈 옮김. 뿌쉬낀하우스, 2019.

〈안나 카레니나〉를 집필할 당시와 직후 톨스토이의 인생, 윤리, 예술, 종교에 대한 견해를 압축적으로 서술하고 있는 책으로 일독을 권한다.

권보드래 …… 고려대학교 국어국문학과 교수. '지금, 여기'의 기원을 1900년대부터 1970년대까지 한국 근현대 문학과 문화 속에서 찾는 작업을 주로 해 왔다. 쓴 책으로는 《한국 근대소설의 기원》, 《연애의 시대》, 《1910년대, 풍문의 시대를 읽다》, 《1960년을 묻다》(공저), 《신소설, 정치와 언어》, 《3월 1일의 밤》 등이 있다. 한국문학과 세계문학, 북한문학 속의 세계문학이란 주제에 관심을 갖고 공부 중이다.

김수미 …… 고려대학교 일어일문학과 교수. 일본고전문학, 문화를 전공하였고 《겐지모노가타리(源氏物語)》 공간 표현을 중심으로 박사학위를 받았다. 현재 일본 고전 작품과 더불어 이를 회화화한 에마키(絵巻), 일본 건축공간, 일본 문화유산 등 일본 전통문화에도 관심을 가지고 수업과 연구를 진행 중이다. 주요 저서로는 《源氏物語の鑑賞と基礎知識38·兵部卿·紅梅·竹河》(공저, 2004), 《源氏物語の空間表現論》(2008), 《환상과 괴담—기묘한 일본문학으로 떠나는 시간여행》(공저, 2010), 《몽고습래에고토바—일본역사를 그림으로 읽다》(공저, 2017), 《동아시아학의 이해》(공저, 2018), 《국보 『겐지모노가타리에마키(源氏物語絵巻)』—일본고전문학을 그림으로 읽다》(2020), 《동아시아지식의 교류》(공저, 2021) 등이 있다.

김준현 …… 고려대학교 불어불문학과 교수. 중세 프랑스문학을 전공하였고, 15세기 프랑스 시인 프랑수아 비용(François Villon)에 대한 연구로 박사학위를 받았다. 중세 프랑스문학, 프랑스문학 수용사와 번역, 프랑스 현대시 등에 관심을 갖고 연구를 진행 중이다. 주요 저서로 《목 매달린 자의 노래—프랑수아 비용 연구》(2012), 《번역과 횡단—한국 번역문학의 형성과 주체》(공저, 2017), 《낯선 시간의 매혹—프랑스 중세·르네상스 시》(공저, 2019) 등이 있으며, 역서로는 《멜랑콜리의 색깔들—중세의 책과 사랑》(2012), 《유언의 노래》(2016), 《중세, 사랑과 매혹의 노래》(2018) 등이 있다.

엄태웅 …… 고려대학교 국어국문학과 교수. 한국 고전소설을 비롯한 고전서사문학을 전공하였고, 방각본 영웅소설의 지역적 특성과 이념적 지향에 대한 연구로 박사학위를 받았다. 역사와 서사의 거리, 《구운몽》의 향유와 변모, 이본의 파생, 소설 향유 문화와 소설책의 유통, 고전문학사의 형성 과정 등에 관심을 갖고 연구를 진행 중이다. 주요 저서로 《대중들과 만난 구운몽》(2018), 《방각본 영웅소설의 지역적 특성과 이념적 지향》(2016), 《신문관의 육전소설》(공저, 2018), 《한국고소설강의》(공저, 2019) 등이 있으며, 역서로는 《紫霞 申緯의 貊錄》(공저, 2018)이 있다. 《삼국유사》 속 서사, 《구운몽》의 이본, 역사 인물의 서사화, 20세기 초 고전서사문학 등을 주제로 다수의 논문을 집필하였다.

이명현 …… 고려대학교 노어노문학과 교수. 러시아문학을 전공하였고, 시인 알렉산드르 블로크에 관한 연구로 고려대학교와 모스크바국립대학에서 박사학위를 받았다. 은세기 러시아 문학과 문화, 러시아문학과 한국문학 비교연구, 러시아 서사시의 전통과 진화에 관하여 관심을 가지고 연구를 진행 중이다. 주요 저서로는 《러시아 인문가이드》(공저, 2013), 《나를 움직인 이 한 장면—러시아문학에서 청춘을 단련하다》(공저, 2016) 등이 있으며, 주요 역서로는 《삶은 시작도 끝도 없다—러시아현대대표시선》(2014), 《안나 까레니나》(2018), 《세계관으로서의 상징주의》(공역, 2019) 등이 있다.

인문고전 세미나—2

사랑과 불륜의 문화사

초판 발행 1쇄 2022년 4월 8일

지은이 권보드래 · 김수미 · 김준현
엄태웅 · 이명현
펴낸곳 고려대학교출판문화원
www.kupress.com
kupress@korea.ac.kr
(02841) 서울특별시 성북구 안암로 145
Tel 02-3290-4230, 4232
Fax 02-923-6311
찍은곳 (주)동화인쇄

ISBN 979-11-91161-89-2 03800

값 13,000원

※ 잘못 만들어진 책은 바꿔 드립니다.